AF611174

ORIGINE ET PROGRÈS

DE

L'ART

ÉTUDES ET RECHERCHES

PAR

P. A. JEANRON,

Directeur des Musées Nationaux.

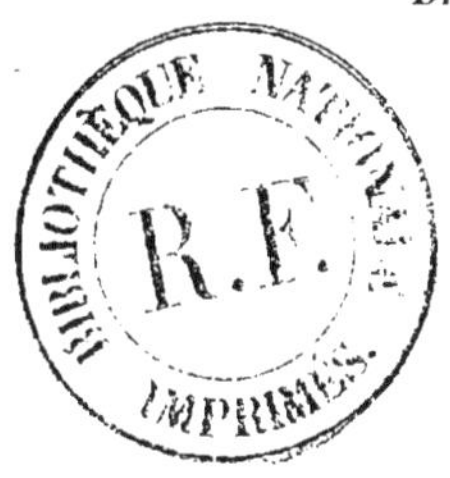

PARIS,

CHEZ TECHENER, PLACE DU LOUVRE, 20.

1849.

Typ. VINCHON, rue J.-J. Rousseau, 8.

I.

ÉTUDES ET RECHERCHES

SUR

LES ORIGINES ET LES PROGRÈS DE L'ART.

CHAPITRE Ier.

DÉCADENCE DE L'ART ANTIQUE ; ÉTABLISSEMENT DU CATHOLICISME; INVASION DES BARBARES; PERSÉCUTION DES ICONOCLASTES.

Un grand nombre d'écrivains et d'artistes modernes ont partagé, quant à l'origine de l'art, une erreur analogue à celle où étaient tombés autrefois les Grecs anciens, qui prétendaient aussi avoir inventé les commencements de leurs arts; tandis qu'il est maintenant avéré que leurs arts n'étaient qu'une émanation immédiate de la civilisation antérieure des Égyptiens, des Étrusques, des Syriens. Cette erreur où étaient les Grecs a-t-elle pu beaucoup leur nuire? Nous sommes loin d'eux pour le pouvoir bien apprécier; cependant nous sommes portés à le croire, parce que l'erreur rarement est indifférente; mais, quant à la prévention analogue des modernes et à la fâcheuse influence qu'a pu exercer sur eux cette prévention, nous osons l'affirmer. En effet, les preuves débordent.

Avant d'aller plus loin, voyons tout ce que le préjugé que nous signalons présente de pénible et de repoussant. L'art, a-t-on dit, était anéanti en Europe; l'architecture, la sculpture et la peinture y étaient mortes. On ne construisait plus d'édifices, on ne sculptait plus de statues, avant les premiers essais des deux

Pisans. On ne faisait plus de tableaux quand Giunta et Cimabuë en montrèrent qui furent portés en triomphe et imités à l'envi par leurs successeurs. Mais combien de temps a donc duré cette disparition de l'art? Depuis Constantin jusque peu avant le premier Médicis, pendant toute cette période qu'occupent la ruine de l'empire romain, les invasions des barbares, les déchirements des hérésies, le feu des guerres féodales et les querelles des Allemands et des papes. Est-ce bien vrai? A-t-on pensé que cette période, ainsi décrite, embrasse plus de mille ans? N'a-t-on pas oublié tout ce que l'Europe a montré d'énergie et de vitalité pendant ce temps, et surtout l'Italie si héroïque et si intelligente alors? N'a-t-on pas oublié que cette malheureuse Italie, qu'on calomnie ainsi dans son passé, a montré, pendant tout le cours du moyen-âge, une telle surabondance de grands événements, de grandes choses, de grands hommes, que son histoire en est devenue inextricable, et que la mémoire se trouble quand elle évoque toutes les illustrations de ce pays, de ce peuple, dont toutes les bourgades et toutes les familles ont donné des noms à l'histoire? Non, l'art chez cette nation si vivante n'a pu périr, périr à ce point de n'avoir point laissé de trace, et d'avoir eu besoin de réinventeurs; au milieu de tant d'activité, l'art a toujours été actif et vivant. Comme la civilisation entière, il a eu ses bons et ses mauvais jours, ses luttes et ses triomphes. Il a, comme elle, éprouvé ses pertes et fait ses acquisitions. Or, la civilisation italienne n'a pas cessé, elle s'est transformée seulement, et l'art a fait comme elle. L'art, contemporain de l'humanité, suit sa loi; comme elle, il espère et souffre; comme elle, il s'épanouit ou sommeille; mais l'art ne meurt pas plus qu'elle. S'il avait pu mourir, nous ne l'aurions pas vu renaître; et s'il avait pu être si peu indispensable à l'humanité qu'elle ait pu s'en passer si longtemps (pourquoi ne pas le dire?) il eût été bien peu regrettable qu'il mourût. Mais, loin de là, les preuves abondent que l'art vivait alors; et non seulement dans l'Italie et dans la Grèce, mais dans l'Europe, du nord au midi; mais dans l'Orient, où la Perse, l'Inde, la Chine, nous le montrent encore, comme toute chose, dans sa conservation primitive : preuve évidente et nouvelle de la solidarité de l'art avec l'état social tout entier.

L'art cependant, a-t-on dit, s'est positivement éteint dans ces temps; il a complétement disparu; disparu avec tous ses résultats et tous ses moyens.

Nous reconnaissons nous-mêmes que beaucoup de causes et de mémorables événements ont pu le faire croire; mais c'est à condition seulement qu'on nous accordera que ces causes et ces événements ont été mal étudiés, et qu'on en a exagéré et méconnu les réelles conséquences. L'impartiale et laborieuse histoire raconte les faits, les systèmes distraits et paresseux les altèrent : tâchons de les rétablir. On s'est appuyé, pour soutenir la thèse de l'anéantissement de l'art, sur les excès des empereurs romains, poussant l'art à sa décadence par l'abus; sur les déclamations des premiers Pères de l'Église enveloppant l'art dans la solidarité des débauches païennes; sur les fureurs des iconoclastes; enfin, sur l'invasion et les ravages des peuples barbares.

En voilà certainement beaucoup, et plus qu'il n'en faut, pour effrayer l'imagination et remplir la tête de toutes les idées de mort, de ruine et de catastrophes de tous genres. Mais ce n'est point assez cependant pour que l'art se soit retiré de parmi les peuples. Il a souffert, comme eux, et pris patience, rien de plus.

On ne nous accusera pas certainement, dans les considérations qui vont suivre, d'avoir pallié les excès des empereurs romains et leurs fâcheuses influences en fait d'art. On pourra même peut-être nous reprocher d'y avoir ravalé l'art antique d'Auguste à Constantin; car nous n'ignorons pas que cet art a ses admirateurs exclusifs, qui appellent du nom de progrès les chutes dont nous exposerons le caractère. Mais parce que l'art de l'empire, suivant nous, a été vicié dans son origine et dans ses développements, est-ce à dire qu'il n'eut pas d'existence, est-ce à dire qu'il a cessé d'en avoir avant qu'un autre art l'ait pu remplacer? Le peuple romain abusa sans doute, il méritait d'en être puni. Mais dire que, dans sa prodigieuse production, il ait perdu complétement tout calcul savant, toute inspiration ingénieuse, serait aller trop loin, et tomber dans l'absurde. Les idées d'ordre, de convenance, d'expression et de beauté sont trop inhérentes à la nature de l'homme pour qu'il les perde à ce point au sein d'immenses travaux et d'immenses ressources. Nous n'avons point besoin d'insister pour le prouver. Les monuments et les ruines sont encore là : on peut y choisir des exemples au hasard. Le vaste champ de Spalatro, où gisent les décombres, et où se conservent encore des parties intactes d'un des derniers grands ouvrages de l'empire, du palais de Dioclétien, peut servir à prouver que, malgré la déplorable dégradation du goût, l'art était encore savant et digne. On peut voir aussi à Rome, dans un tout autre genre, la précieuse basilique de Sant'-Agnesa (hors des murs), bâtie par Constantin, et qui semble être, dans sa petite proportion, le travail d'un pieux élève de la belle antiquité romaine au temps d'Auguste et de Vitruve. On peut même descendre plus avant dans les bas siècles, et longtemps après Constantin : on y trouvera, à Constantinople, cette malheureuse église de Sainte-Sophie, qui fut cinq fois détruite de fond en comble, et qui devint finalement une mosquée : admirable ouvrage de deux architectes, de deux sculpteurs des vieilles écoles grecques de Thralles et de Milet, au temps de Justinien ; ouvrage qui, malgré ses défauts flagrants, inspira si souvent, et d'une manière si frappante et si heureuse, les plus beaux génies de la première renaissance et du seizième siècle, notamment dans l'église de Saint-Marc, à Venise, et dans celle de Saint-Pierre, à Rome.

Quant à l'anathème jeté à l'art par les premiers chrétiens, nous ne chercherons pas non plus à le dissimuler ; nous tiendrons, au contraire, à le faire ressortir, car nous nous préparons à en déduire plus d'une observation capitale dans ces études. Cependant nous ne demanderons pas qu'on méconnaisse l'esprit dans lequel les premiers Pères de l'Église attaquèrent les arts : c'était leur application païenne surtout qu'ils entendaient poursuivre. Il est vrai qu'ils n'en pouvaient guère concevoir une autre, et c'est ce qui explique leur colère et leur persistance. Mais l'Église, à proprement parler, c'est-à-dire les papes et les conciles, ne se prononça jamais. L'Église sembla plutôt attendre que le temps et le cours des choses se prononçassent à sa place, et elle ne parut tenir qu'à pouvoir plus tard, sans s'être compromise à l'avance, sanctionner les faits qui restaient à s'accomplir. Aussi voyons-nous qu'aussitôt que l'Église comprit que le temps était venu pour elle de prendre un parti, les papes et les évêques s'entendirent pour donner le change aux populations, et pour tourner leur irrésistible amour de l'art et du faste à la décoration des temples chrétiens, et à la glorification des mystères de la religion. Les papes comprirent aussi que les iconoclastes privaient le culte d'un appui dont il avait besoin, et résistèrent avec énergie à leur fanatisme.

Quant aux exécutions des iconoclastes, toutes furieuses qu'elles furent, tout appuyées qu'elles aient pu être par la puissance des empereurs, elles n'ont jamais, à beaucoup près, été générales, et si elles nous ont privés des plus regrettables chefs-d'œuvre elles ont été loin de pouvoir anéantir l'art. D'abord il faut reconnaître que l'hérésie, en elle-même, de Léon l'Isaurien et de ses successeurs n'attaquait point l'art dans l'ensemble de sa richesse et de sa production. L'hérésie elle-même, pour être possible, s'était circonscrite et acharnée seulement à la destruction des idoles et des saintes images, elle avait assez à faire; et les résistances qu'elle rencontrait la menaient assez loin. Les empereurs iconoclastes paraissent même avoir cherché à se faire pardonner leurs violences par l'encouragement donné aux applications innocentes, suivant eux, de la brosse et du ciseau. Les murailles, les pavés et les plafonds de leurs palais et de leurs temples se couvraient, encore, de mosaïques et de peintures; seulement, les capricieux ornements, les représentations des scènes de la nature inanimée ou des allégories de toutes espèces remplaçaient les types et les figures proscrites. D'ailleurs les artistes grecs, que cette fureur poursuivit particulièrement, s'exaltèrent dans la lutte, et leur amour de l'art, fomenté encore par un fanatisme contraire, leur fit tout braver. La persécution n'est-elle pas ordinairement féconde, quand c'est la conviction qui la reçoit? Comme les premiers martyrs, les peintres et les sculpteurs se retirèrent dans les bois, dans les carrières, et produisirent à l'envi, dans l'ombre, toutes ces images que leurs dangers rendaient plus précieuses au parti qui les appuyait. Les légendes de ces temps sont pleines de miracles opérés par la Vierge en faveur de ses serviteurs. L'usage de leurs mains coupées, de leurs yeux crevés, leur était rendu par son intervention céleste. Et sans s'arrêter plus qu'il ne convient à ces naïfs témoignages, dont le sens au moins est clair, on peut affirmer que les supplices n'interrompirent pas la filiation des peintres grecs et leurs traditions.

D'ailleurs, dès l'origine, la politique de Rome s'était intéressée à ces querelles sanglantes, et elle pressentait déjà le grand événement de sa désunion avec l'église grecque. Aussi de vastes monastères étaient-ils réservés en Italie aux moines artistes, où tout était préparé de longue main pour les recevoir, les consoler et les occuper.

De plus, ce mouvement de l'iconomachie avait, il ne faut pas l'oublier, ouvert de nouvelles et intéressantes voies à l'art. La peinture et la sculpture, forcées de se restreindre dans leurs proportions pour mieux échapper à leurs persécuteurs, s'adonnèrent à de petits ouvrages, figurés et ornés avec d'autant plus de soin, que le travail seul les recommandait. L'art des miniaturistes, des nielleurs sur or et sur argent, des orfèvres, des ciseleurs, des émailleurs, s'unit à celui des peintres et des sculpteurs pour envelopper dans des diptyques et des triptyques toutes ces images odieuses à Constantinople et si chères aux émigrants.

Reste maintenant l'invasion des Barbares, fait énorme dans la question de l'art, et le moins compris peut-être de tous ceux dont nous venons d'esquisser la rectification. Sans doute, ce débordement des peuples du Nord n'a pas pu s'opérer et ne peut se concevoir sans des actes atroces de brutalité et d'ignorance. Mais tout a sa mesure, et l'historien ne doit pas plus exagérer les catastrophes que les prospérités; il n'est pas plus démontré, en effet, que l'invasion des Barbares ait été une calamité pour les arts et le goût, que pour le bonheur des peuples. La religion chrétienne ne voulait pas anéantir la société; elle était venue seulement la transformer, en attaquer les vices, en amoindrir les maux et en étendre les bienfaits. Il était de la destinée des Barbares d'y concourir; tout les y poussait : leurs intérêts, leurs passions, leurs mœurs même, aussi naïves que brutales. Les peuples de l'empire, écrasés sous le plus hideux esclavage, ruinés par les plus intolérables extorsions, les attendaient ou les appelaient avec espoir, quels que fussent les changements qu'ils devaient introduire. Le sensualisme inerte où croupissait l'empire avait besoin de ce remède violent; sans l'invasion des Barbares, qui renouvelèrent le sang appauvri du corps social, on ne comprendrait pas sa conservation. En effet, le mal était si grand que déjà la vie commençait à céder, et la léthargie était si profonde que tant de secousses et de déchirements purent à peine arracher quelques cris de douleur et quelques vagues démarches. Assurément, si l'empire romain, pour défendre son intégrité, avait pu trouver autre chose que les pâles fantômes des premiers Césars et de ses vieilles légions, la guerre contre les Barbares aurait eu un tout autre caractère. Peut-être alors, au point de vue de l'art, le mal aurait-il été plus grand. Une énergique résistance eût amené de vindicatives destructions, et la fureur eût survécu à l'obstacle; mais, malgré Stilicon, Aétius, Bélisaire et Narsès, les Barbares eurent en réalité peu de chose à démêler avec l'empire. Si chaque horde n'obtint pas un établissement durable et pacifique sur les terres couvertes par son irruption, l'empire n'y fut pour rien. Ce qu'il y eut de vraiment sérieux, de vraiment terrible dans ces guerres, ce furent les dissensions des Barbares entre eux. La possession était l'objet de leurs querelles; un moment suffisait à leur conquête, mais de longues années pouvaient à peine les y affermir. Cependant toutes ces nations, roulant l'une sur l'autre comme les flots de la mer, au gré de la puissance occulte qui les soulevait, tendaient, malgré leurs convulsions, au repos et à l'équilibre ; chacune cherchant, à peine installée, à consacrer son occupation par des tentatives prématurées d'ordre et d'institutions qui conservassent sa conquête. Or, quelle était cette conquête ? N'était-ce pas la civilisation ancienne avec ses richesses et ses produits? Etait-ce pour des champs en friche, pour des huttes misérables, pour de sordides vêtements, pour des ustensiles et des meubles grossiers, que ces hommes du Nord se livraient de si rudes combats et s'exterminaient entre eux? Non, assurément. Ce qu'ils venaient chercher de si loin, n'était-ce pas la vie plus facile et plus molle, les loisirs plus voluptueux, tous les délices enfin et toutes les merveilles des peuples du Midi? S'ils les venaient chercher, pourquoi donc ne se seraient-ils pas gardés de les ruiner systématiquement et de les faire disparaître? Ils voulaient confisquer l'ancien monde à leur profit, et ne pensaient nullement à l'anéantir ; leur volonté et leur calcul, en ce sens, sont évidents. Si barbares qu'ils fussent, ces peuples n'étaient pas fous; et si farouches qu'ils fussent, devenus propriétaires par la hache et par l'épée, l'esprit de propriété les domina bientôt; ils voulurent vite conserver avec soin, appliquer à leur usage, à leurs plaisirs, à leurs vanités, tout le matériel de l'art rassemblé par les Romains. Le désordre et la déperdition qu'on impute aux Barbares ont donc été exagérés ; toutes les dévastations passionnées, toutes les dégradations lentes provenant du besoin, plus ou moins bien entendu, d'utiliser tout ce qui existait et se trouvait debout et de l'accommoder aux mœurs, aux nécessités, aux fantaisies successives, ont été mises sur leur compte. Les temps de l'invasion ont été rendus solidaires du travail destructeur de tous les siècles qui les ont suivis jusqu'aux nôtres. Erreur grave et qui change tout-à-fait le caractère et la portée de cette destruction; car, si l'altération des monuments de l'art a été lente et successive et a dépendu avant tout, comme nous le croyons, de ce penchant naturel à l'homme d'aller au plus vite et au plus facile, et de se servir des choses surannées comme de matériaux qu'un heureux hasard lui présente, cela attesterait plutôt l'existence de l'art que sa disparition. En effet, la plupart des hommes puissants qui ont le plus voulu encourager l'art et le faire vivre, ne lui ont guère épargné ces sortes d'atteintes; et l'épigramme, dont la verve railleuse des Romains fustigea les indécentes spoliations commises par Urbain VIII sur le Panthéon d'Agrippa, constate une vérité plus grave et plus générale qu'on ne le croit. Ce ne sont pas seulement *les Barberins qui ont fait ce que les Barbares n'avaient pas fait* (1); ce sont tous les papes ensemble, tous, jusqu'à ceux qui ont le plus honoré le saint-siége et le mieux aidé à la civilisation, comme Grégoire-le-Grand, qui fut plus impitoyable aux monuments de la Rome antique qu'Alaric et que Totila; tous, jusqu'à ceux qui ont le plus aimé les arts et le mieux servi leurs progrès, comme Jules II, qui abattit ou démantela plus d'édifices et effaça plus de peintures dans la Rome moderne que les bandes pillardes du connétable de Bourbon. Quoi qu'il en soit, ce qui est bien certain, c'est que la plupart des écrivains contemporains des invasions déclarèrent que les Barbares respectèrent les antiques monuments de Rome, et, qu'à leur époque, le temps même semblait ne les avoir altérés en rien. Il y a plus, les Barbares eux-mêmes firent travailler; Attila se fit peindre, dans un palais de Milan, assis sur un trône et recevant les tributs des empereurs romains prosternés à ses pieds. Ricimer, à Rome, fit décorer de mosaïques l'église de Sant'-Agata. Le roi barbare Théodoric tint surtout les arts en honneur. Ce sage vainqueur d'Odoacre, continuant sa politique prudente et réparatrice, voulut s'entourer, dans sa cour de Ravenne, de quelques hommes éminents dont les vertus et les lumières jetaient encore quelque éclat sur le monde romain à son agonie : dernières et nobles figures qui consolent l'histoire, dans ces temps si tristes, et qui décorent si majestueusement la double limite de l'antiquité expirante, et du moyen-âge naissant. Boëce, Symmaque, Cassiodore, semblaient pressentir les futures splendeurs de Rome, en maintenant si religieusement le souvenir

(1) Quod non fecerunt Barbari, fecerunt Barberini.

de ses splendeurs passées. Théodoric fut leur élève, et, suivant les propres paroles de son petit-fils Athalaric, il avait scruté avec eux tous les secrets de la nature, et appris de leur bouche ce que les sages de l'antiquité avaient révélé de plus beau.

Théodoric écrivait donc à Symmaque, en parlant des monuments de Rome : « Comment n'admirerions-nous pas ces beaux » ouvrages, puisque nous avons eu le bonheur de les voir ? » Et en même temps il nommait un comte, un architecte, le romain Aloïsius, pour l'inspection et l'entretien des édifices. En l'investissant de cette fonction, il lui disait : « Nous voulons que » votre sublimité veille à la conservation des monuments anti- » ques, et qu'elle en construise de nouveaux, auxquels il ne » manque, pour égaler les anciens, que la vétusté. Combien de » connaissances vous sont nécessaires ! combien vous devez être » habile, intègre, pour remplir d'aussi importants devoirs ! » Décoré d'une verge d'or, vous marcherez immédiatement » devant nous, au milieu des nombreux officiers qui nous » entourent, afin que nous ne puissions jamais oublier combien » il importe aux rois que leurs palais annoncent leur magnifi- » cence. » Quoique Théodoric aimât particulièrement Rome, où il lui avait été permis, disait-il, d'admirer encore « un peuple de » statues et de chevaux de bronze (*populus copiosissimus statua-* » *rum greges etiam abundantissimi equorum*), » il ne restaura et n'embellit pas moins les autres villes de son royaume. Ravenne, Pavie, Monza, reçurent de lui des portiques, des temples, des bains publics et des palais. L'architecture ne fut pas seulement encouragée ; la peinture, la mosaïque surtout, la sculpture, la fonte des métaux, la mécanique, eurent part à ses faveurs. Il envoyait au loin les productions qu'il en recevait aux rois barbares ses alliés : dans les Gaules, au roi des Francs, Clovis ; au roi des Bourguignons, Chilpéric ; en Espagne, aux rois des Visigoths, Alaric et Gésalric. Enfin, si l'on veut chercher, dans les œuvres du grand Cassiodore, les passages nombreux qui peuvent nous faire comprendre la situation de nos arts dans ces temps, on verra, en les rassemblant, qu'elle n'était pas à beaucoup près aussi déplorable qu'on a bien voulu le dire. Non-seulement on faisait pour eux de grands sacrifices et de fortes dépenses, mais toutes les idées en vertu desquelles on employait alors les artistes n'étaient point aussi erronées et aussi dépravées qu'on se l'est figuré; et aujourd'hui même on peut regretter qu'on ne mette pas mieux à profit certaines données fort bien exprimées par le roi barbare sur l'unité qui doit distinguer et recommander les édifices, sur l'ensemble des qualités nécessaires à l'architecte, sur le mérite du peintre et du mécanicien, etc. (1).

L'exemple de Théodoric fut suivi par Athalaric, par la reine Amalasonte et tous les rois goths en Italie; et quoique plusieurs écrivains aient affecté de prendre le nom de ces peuples comme un synonyme de la plus aveugle et de la plus stupide barbarie, il n'est pas moins vrai de dire qu'à eux seuls dans ces temps appartient au même degré l'esprit de conservation et de progrès. Ils l'ont montré d'une manière frappante, aussi bien dans la Gaule méridionale, dans l'Espagne, qu'en Italie. On peut dire encore qu'après l'extermination des Goths les autres peuples barbares suivirent les mêmes errements, quoique à un degré inférieur. Cette observation peut s'appliquer même aux plus féroces d'entre eux, aux Lombards, qui, sous leur roi Authari, et sous leur reine Théodelinde, appelèrent la haute Italie à un état de splendeur que depuis longtemps déjà elle ne connaissait plus.

Ainsi donc, on le voit, les circonstances qui accompagnèrent ou déterminèrent, d'un côté, l'écroulement de l'Empire et la ruine du paganisme, et de l'autre, l'établissement des nations barbares et de la religion chrétienne, si cruelles et si ruineuses qu'elles aient pu être, sont loin cependant d'avoir détruit l'art, au pied de la lettre, comme on l'a dit. Maintenant, s'il est

(1) Censimus ut et antiqua in nitorem pristinum contineas et nova simili antiquitate producas, quia sicut decorum corpus uno convenit colore vestiri, ita nitor palatii similis debet per universa membra diffundi (Cassiod. *Var.*, lib. III, form. 5). — Instructor parietum, sculptor marmorum, æris fusor, camenarum rotator, gypsoplastes, musivarius..... et tam magnus ille fabrilis exercitus, etc., etc. (*Ibid.*) — Mechanicus, si fas est dicere, pene socius est naturæ, etc. (*Ibid.*, lib. I, Epist. 45-46).

prouvé par les textes contemporains, par les ruines et les monuments encore subsistants, ou par ceux dont le souvenir nous a été conservé par des historiens et des dessinateurs plus rapprochés de nous, que ces circonstances n'ont point eu cet effet radical, peut-il venir à l'idée que celles qui les ont suivies immédiatement aient pu l'avoir? Il suffit à cet égard de penser à ce que fut l'Europe, de Constantin à Charlemagne, et surtout l'Italie, dont nous nous occupons exclusivement ici. N'est-il pas évident que cette époque, qui embrasse à peu près cinq cents ans, fut pour elle le temps le plus critique et le plus fécond en désastres, et le seul qui pût voir s'anéantir tout art et toute civilisation, si tout art et toute civilisation avaient dû disparaître? Cependant ces temps, dont nous espérons que personne ne nous accusera de vouloir pallier les horreurs, présentent encore, pour l'honneur de l'esprit humain et pour la suite de ses traditions, de grands et dignes efforts, des noms honorables, des gloires méritées.

Une fois cette distance franchie, est-il bien nécessaire de faire ressortir quelles durent être les conséquences des vigoureuses institutions fondées par Charlemagne? Institutions dont assurément le moindre effet ne fut pas de conférer aux grands centres d'études, aux monastères, aux écoles, aux corporations, des ressources et une sécurité jusque-là inconnues. L'époque de Charlemagne signale en effet un retour sensible, et principalement en Italie, vers toutes les choses du goût et de l'esprit. Dans la haute Italie, où se maintint et domina plus longtemps l'influence française, dans le Piémont, dans le Montferrat, dans la Lombardie, dans la Marche de Vérone, dans le Frioul, il est fait mention alors des florissantes écoles de Pavie, d'Ivrée, de Turin, de Crémone, de Fermo, de Vicence, de Vérone, de Friuli. Les maîtres architectes et sculpteurs de Como (*magistri Comacini*) sont alors célèbres et recherchés. Como , ville importante et remuante dans ces temps, et avant que Milan n'éclipsât sa fortune, envoyait dans toutes ces contrées ses habiles ouvriers; et l'on conserve encore dans plus d'un manuscrit les remarquables miniatures des artistes lombards.

Alors Venise jette les premiers fondements de sa puissance ; elle échappe au joug des Lombards et des Francs ; elle s'affranchit de la tutelle des empereurs d'Orient, et ne reste pas moins engagée dans un commerce de plus en plus fécond pour elle, avec les Grecs, les Sarrasins et les peuples du Nord. Ces relations impriment à ses premiers essais dans les arts la physionomie moitié orientale, moitié allemande, qui les distingue encore dans leurs derniers progrès. C'est alors qu'un de ses premiers doges, le pieux Giustiniani, élève, entre autres fondations, et dans son propre palais, l'ancienne chapelle où furent reçues, avec tant de transports et d'espérances, les reliques de l'évangéliste saint Marc, rapportées d'Égypte par les flottes aventureuses de la république naissante.

En même temps, Amalfi et Gaëte, arrêtés plus tard dans leur essor, s'activaient et grandissaient sous des principes pareils : la Toscane se constituait ; Pise, Sienne, Lucques, Pistoie, Volterre, Fiesole, Arezzo, toujours en querelles, cherchaient à se surpasser en richesse et en industrie, tandis que leur future dominatrice, l'ambitieuse Florence, qui commençait à peine à poindre, rêvait déjà l'asservissement de ses rivales et la destruction de Fiesole, sa trop proche voisine.

Rome reconquérait en Italie une haute position. L'autorité et l'ascendant de la papauté s'étaient accrus par sa rupture avec le patriarchat de Constantinople, qui prétendait comme elle à la souveraine influence. Pépin et Charlemagne lui avaient aussi conféré une grande force par leur appui. La faiblesse des empereurs d'Orient, les menaces des Sarrasins, les disputes des républiques entre elles, les prétentions des princes allemands, offraient une large prise à l'esprit de résistance et de direction des suprêmes régulateurs de la chrétienté.

On le voit même par ce trop rapide tableau, c'était là déjà un temps où, de tous les points de l'Italie, on devait converger, malgré les apparentes discordes, vers un but et un succès commun par une émulation pareille. L'Italie, certes, avait déjà l'intelligence de tous les matériaux et de tous les germes qu'elle devait plus tard féconder avec tant de bonheur et de gloire ;

elle s'appliquait déjà à l'accomplissement de la tâche qu'elle avait reçue et à l'exercice précoce de son rôle parmi les nations modernes. La conservation, l'appropriation et la diffusion de l'art, qui devaient plus tard constituer à un si haut degré sa mission et marquer sa valeur, la préoccupaient déjà. Malgré ses dissensions civiles, et peut-être un peu à cause d'elles, on voit partout éclater dans son histoire, à partir du point où nous sommes, un incroyable amour d'entreprises, de recherches et d'applications. Ses papes, ses évêques, ses abbés, ses familles féodales, ses municipalités, ses corps d'état ont tous un même orgueil, un même besoin d'indépendance, d'activité, d'intelligence et de richesse. Depuis Léon III, qui sacra Charlemagne empereur d'Occident, jusqu'à Urbain IV, sous lequel naquit Cimabuë, inventeur prétendu de l'art, l'art ne cessa pas un moment de recevoir les sacrifices et les hommages de l'Italie entière.

Maintenant nous ferons remarquer que, pour constater l'existence de l'art au fort du moyen-âge, nous nous sommes interdit les preuves faciles que nous aurions pu tirer de l'énumération et de l'examen des œuvres encore subsistantes. C'est par une plus attentive évaluation des événements, par une plus juste connaissance du terrain, que nous avons abordé le préjugé que nous avions à tâche de détruire. En prenant ainsi la question dans ses bases, nous avons cru l'avancer plus qu'en accumulant mille petites preuves de détails, qu'en citant une foule de monuments avec accompagnement de noms propres et de dates. Cela ne donnera pas à notre recherche un faux aspect d'érudition; mais pourvu qu'elle paraisse conduite dans un esprit de vérité et de réflexion, peu nous importe. Nous n'avons pas cherché le reste, parce qu'il nous aurait semblé fastidieux pour le lecteur.

CHAPITRE II.

CONSIDÉRATIONS GÉNÉRALES SUR L'ARCHITECTURE.

—

Beaucoup d'hommes éloquents ont parlé du caractère imprimé par la religion chrétienne à l'architecture. C'était une belle tâche qui prêtait admirablement à toutes les combinaisons ingénieuses de l'intelligence et à tous les élans sympathiques de la parole. L'architecture est un art si noble et si vaste, son nom se lie si bien à toutes les idées de sagesse et d'autorité, d'ordre et de convention, qu'en l'envisageant sous le point de vue de son union avec la croyance, l'esprit devait se sentir au large, et pouvait s'ébattre dans toute l'indépendance et dans toute la vérité désirables. En effet, l'architecture, en soi-même, paraît être digne de se voir appelée dans cette haute région, et elle nous paraît pouvoir convenablement soutenir le poids de cette alliance. Si la croyance religieuse des peuples est la concentration sublime de leur sentiment et de leur raison, l'architecture peut se présenter aussi comme une autre constatation de leur instinct et de leur science. L'architecture, dans sa sphère, s'appuie, comme la croyance, sur la double base du sentiment et du besoin; elle répond, comme elle, aux nécessités les plus urgentes et aux appétits les plus épurés; comme elle, elle relie, abrite et décore; comme elle, elle met en ordre, hiérarchise, gouverne et résume. C'est pourquoi les anciens attachaient à l'architecture l'idée d'art par excellence; c'est pourquoi ils appelaient l'architecte le chef des artistes; car les anciens, aussi bien que nous, pour ne pas dire mieux, avaient reconnu que tous les arts, sortant d'une origine commune, devaient tendre au même but. L'architecture, représentant dans leur esprit l'exigence sociale au plus haut degré, leur paraissait être le centre irrésistible vers lequel les arts devaient tous converger. C'était à travers la convenance architecturale qu'ils appréciaient les services rendus et les titres de chaque art en particulier. C'était par la règle architecturale qu'ils les gouvernaient, qu'ils réprimaient leurs écarts, leurs caprices et leurs révoltes. L'architecture, l'art par excellence, communiquait seule et immédiatement avec la pensée sociale. L'architecture, dans cette communication, recevait seule, de la première main, ses lois, ses symboles, son caractère. Tous les autres arts devaient s'y subordonner, et, en s'y subordonnant, y concourir. Ils se partageaient l'idée première, l'idée simple et générale de l'architecture, pour l'exprimer chacun suivant son mode et son moyen particulier, mais sans pouvoir en rien l'altérer.

Cette théorie de l'art n'est plus la nôtre : il s'en faut du tout. Et pour notre misérable part d'influence, nous n'avons point le moins du monde l'envie de la recommander, ne sachant pas, comme beaucoup de docteurs, ce qu'il faut à notre temps besogneux, et reconnaissant même que nos sympathies d'artistes sont engagées, jusqu'à ce jour, dans la cause des grands hommes qui s'en sont le plus vigoureusement affranchis. Nos sympathies d'artistes sont acquises à ces hommes, parce qu'il nous semble qu'ils ont eu une noble et légitime compréhension de la dignité humaine et de la dignité de l'art : de la dignité humaine, qui ne doit pas se laisser comprimer et subalterniser au point de s'anéantir et de disparaître complétement dans la généralité sociale : de la dignité de l'art, qui ne doit pas se laisser refouler et rétrécir au point de ne plus être qu'un moyen de religion ou de police. L'homme et l'art nous paraissent faits pour plus d'indépendance, d'expansion et de réel désintéressement. Cependant, en tout ceci, Dieu nous garde de ne pas être de bonne foi et de vouloir déguiser les magnifiques résultats obtenus dans le domaine de l'art par la rigide théorie contre laquelle nous nous inscrivons ! L'art, sans contredit, a prodigué sa veine à toutes les religions qu'il a servies et qui l'ont ainsi dominé. Mais c'est là, suivant nous, quelque chose qui dépose moins de sa faiblesse originelle que de sa puissance intime et native.

En effet, l'art a déjà un aspect frappant de grandeur et de richesse dans l'Orient, son premier berceau peut-être, sous le joug des croyances les plus inflexibles et les plus étranges. L'architecture et tous les arts que l'architecture discipline, au profit de ces mystérieuses théocraties, en reflètent puissamment l'inexprimable physionomie. L'art de l'Orient lasse et confond l'imagination, comme ses dogmes lassent et confondent l'intelligence. Partout la même emphase et les mêmes énigmes, les mêmes complications et les mêmes infinités. Partout en Asie, les arts, obéissants et fidèles, parce qu'ils sont sévèrement hiérarchisés, se tiennent chacun à son poste pour traduire exactement et exalter davantage tous les sentiments et toutes les affections fomentés par les croyances. Le profond sentiment d'inquiétude et d'effroi qui a transi ces peuples vous pénètre encore dans les labyrinthes souterrains de Milassa, d'Arabhisar, de Tchelminar, dans l'ancienne Persépolis, et sous les cavernes et les antres taillés dans les montagnes de l'Indostan, du Tangu et du Thibet. Incroyables excavations, vulves mystérieuses peuplées par les arts de fantômes de toutes sortes et d'apparitions surprenantes, et du sein desquelles l'humanité semble être sortie pour y rentrer un jour tout entière. Les espérances, les aspirations qui ont nourri l'imagination fiévreuse de ces peuples vous saisissent encore devant les Babels en spirales, devant les pagodes échelonnées, sans terme, les unes sur les autres, telles qu'on les voit à Bénarès, dans le Bihar, dans le Maduré et au fond de la péninsule. La contemplation, les extases, les rêves, le délire, les expiations, les tourments, les macérations et la patience, tout ce que ces peuples enfin ont reçu de leurs fortes religions, les arts le leur ont inculqué davantage, chacun suivant sa langue et ses ressources. Leur fastueuse et incohérente architecture, comme une autre poésie, a parlé la langue hyperbolique et obscure de leurs prêtres. La peinture et la sculpture, vouées ensemble par elle à toutes les allusions, à tous les caprices, à toutes les licences, à tous les excès de la pensée, se sont répandues en emblèmes et en énigmes indéchiffrables, en monstrueuses idoles et en bizarres attributs. Le caractère, enfin, de l'architecture et des autres arts chez les peuples de l'Orient est l'exubérance de toutes les forces productives; leur moyen principal est la répétition sans fin du même effort; leur résultat général plutôt l'agrégation et le conflit que l'unité et l'harmonie. Caractère, moyens et résultats essentiellement enfants.

Maintenant, que la religion de l'Égypte soit ou ne soit pas une émanation du dogme oriental; que son art, par conséquent, en procède ou n'en procède pas, nous n'en voyons pas moins chez elle l'art entièrement occupé et gouverné dans le sens de ses croyances. Nous l'y voyons même ainsi, à cause de nos renseignements plus certains, à un plus haut degré d'évidence. L'Égypte, avec ses dogmes voilés, avec son sacerdoce savant et silencieux, avec ses dynasties absolues, avec ses castes infranchissables, impose à l'art sa grave et muette unité. Les enceintes formidables, les pylones gigantesques, les longues galeries, les lourds propylées défendent les sanctuaires obscurs et étroits qu'oppressent encore de tous côtés les énormes monolithes de granit. L'architecture et les autres arts subalternisés par elle se sont efforcés, en Egypte comme dans l'Inde, de satisfaire exclusivement aux prescriptions et aux conséquences du culte, et tout porte à croire que l'idée morale de ces deux pays, quoique liée et solidaire, était cependant profondément distincte; car, si l'on y est souvent frappé de l'équivalence des intentions et de la conformité des usages, on y est toujours étonné de la dissemblance des aspects et des formes. Entre ces monuments, il n'y a de pareil que leur destination immédiate et leur grandeur positive. Leur complexion linéaire est entièrement différente. Bien plus, sous le rapport artistique, l'Égypte semble protester contre l'Inde. Ici, l'art est luxuriant et incorrect; là, il est retenu et mesuré. L'art oriental n'a pas d'autre frein que son propre découragement, il va toujours jusqu'à ce que son œuvre l'épuise et que sa force l'abandonne. Le prêtre indoux enseigne à ses pénitents que, par la volonté et la mortification, on peut arriver à détrôner les puissances créatrices; et cela, il l'enseigne aussi à ses artistes. Pénitents et artistes, après les plus insoutenables tentatives, aboutissent également à l'évanouissement et au vertige. La mysticité du prêtre égyptien a moins d'audace et plus de puissance. Elle applique plus prudemment la volonté, et le destin confond moins ses entreprises. Un calcul plus exact, une géométrie plus certaine, une intelligence plus profonde du besoin et de la ressource, assujettissent dans toutes ses branches et dans toutes ses tendances l'art égyptien. Ici, point de fantasmagorie puérile, point de recherches vaines, point de surprises et de miracles; mais partout le silence, le repos, la sobriété, la grandeur et l'indestructibilité. Ici, point de colonnes grêles comme des roseaux, souples et tordues comme des reptiles, historiées, ciselées, évidées comme des filigranes, pointues comme des aiguilles, aussi bien par la base que par le sommet. Point de pierres sonores, mobiles, découpées dans le bloc et s'agrafant, en forme de chaînes et de guirlandes, aux bizarres pilastres de l'antique et colossale pagode de Chalembrom, mais partout en Égypte l'art agit par les moyens les plus simples pour créer les effets les plus grands; les matériaux et les formes non-seulement s'y agrègent, mais s'y coordonnent. Les blocs de granit juxta-posés se soudent l'un à l'autre par leur coupe exacte, et s'élèvent en imposantes pyramides ou se dressent dans leur isolément en élégants obélisques, sur lesquels la sculpture et la peinture écrivent, dans leur langue muette, les paroles qui leur sont confiées. Le marbre, le grès, le serpentin, le porphyre, le granit noire ou rose, soumis au compas, attaqués par le ciseau le plus large et le plus tempérant, se façonnent en colonnes, en architraves, en frises, en frontons austères, en statues droites ou assises, en sphinx, en béliers accroupis, et s'organisent entre eux dans la disposition la plus simple et la plus stricte. On peut s'en rendre compte aujourd'hui sur le sol occupé autrefois par Memphis et Thèbes, et au milieu des décombres bouleversés de la nécropole d'Osymandias, des temples de Louqsor et des palais de Karnak. Le caractère de l'architecture et des autres arts chez les

Égyptiens a été la force et la majesté; leur moyen principal a été la règle et la sobriété; leur résultat général, la cohésion et l'uniformité.

Mais l'architecture devait connaître encore quelque chose de mieux; l'homme et l'art, en effet, avaient reçu de meilleures promesses; voués, tous deux ensemble, à l'unité et à l'harmonie, ils devaient y tendre d'un effort pareil; le mouvement ne leur avait-il pas été imprimé pour cela dans leur berceau commun? Le dogme et la forme de l'Égypte, malgré leur aspect de sagesse et de prévoyance, étaient impuissants à les retenir tous deux. Le sacerdoce égyptien avait confisqué le sentiment religieux du peuple à son profit; et au profit de son usurpation, il avait confisqué encore l'instinct artistique; mais ce sentiment et cet instinct des peuples, ne sont-ce pas là précisément leur bien le plus inaliénable, ce qu'ils peuvent le moins abandonner, ce qu'ils doivent réclamer le plus vivement, s'ils ont pu y laisser porter une atteinte momentanée? Ne sont-ce pas là précisément cette intelligence, cette activité divine, qu'aucune organisation sociale ne pourra peut-être jamais contenter, parce qu'elles réclameront toujours de plus sublimes satisfactions et de plus augustes symboles? La parole immuable qui partait des sanctuaires jaloux de Memphis et de Thèbes était donc loin de pouvoir répondre longtemps à la conscience; et l'uniformité des symboles qui appuyaient cette parole ne devait pas longtemps satisfaire au génie. L'homme de sa nature s'impatiente sous une protection brutale et s'indigne dans une invocation grossière; pour s'affranchir du joug d'une loi et d'une prière abrutissantes, il préfère bientôt la révolte et ses dangers à l'obéissance et à sa sécurité.

L'origine de l'art grec est là tout entière. L'art grec, on le voit, est sorti de ce sublime mouvement; écoutez, en effet, le cri des vieilles légendes du monde hellénique qui vous le racontent. Malgré la distance et l'effacement, vous distinguerez encore les témoignages saisissants de la naissante sympathie des peuples; vous entendrez surtout tonner la sombre voix du sacerdoce irrité, qui poursuit et maudit les premières tentatives d'indépendance et de progrès ; partout le sacerdoce, menacé dans le caractère de perpétuité qu'il s'arroge, évoque contre les premiers transgresseurs de ses lois immobiles le terrible fantôme du destin. Ici l'artiste téméraire qui se sera révolté contre le culte du repos et de la mort, qui aura été demander à Minerve, c'est-à-dire au génie de l'étude et du progrès, une autre inspiration, qui aura voulu enfin, dans son orgueil, se rapprocher de Dieu, et façonner comme lui, de ses mains et à sa propre image, une argile vivante et passionnée, sera puni dans sa tentative et trompé dans son espérance. Prométhée impuissant, enchaîné, se bat la tête et ensanglante ses mains sur le bloc primitif qu'il a voulu transformer; une inquiétude éternelle lui rongera le flanc, et, pour récompenser sa recherche indiscrète, les illusions les plus décevantes, les mécomptes les plus cruels, se répandront dans le monde. C'est la curiosité, la fantaisie, l'imagination ; c'est l'enchanteresse Pandore qui les y sème pour la vengeance des Dieux et le malheur des hommes. Là, Orphée expie son génie sous les saintes fureurs qu'il a soulevées ; là, Phaëton, autre fils d'Apollon et des Muses, tombe foudroyé pour avoir manqué d'incendier le monde sous le char embrasé de la lumière et de la poésie, comme ailleurs tombe encore, pour n'avoir pas voulu modérer son essort, le jeune Icare, fils de l'architecte Dédale, déjà puni comme le sculpteur Prométhée, et enchaîné comme lui pour ses œuvres ingénieuses et hardies. Sans doute, la vérité palpite sous le manteau de ces fables, leur voile transparent nous laisse voir ce qu'il a dû en coûter aux hommes inspirés, qui les premiers vinrent ouvrir les routes que l'activité humaine parcourt aujourd'hui en toute sécurité. Ces fables nous disent combien, dans l'origine, les voies de l'esprit étaient sévèrement gardées ; à travers quelles terreurs, quelles angoisses, quels dangers durent passer les premiers qui en déblayèrent pour nous l'entrée. Mais si ces lugubres légendes du sacerdoce nous racontent sa colère et ses calomnies, ses exécutions vindicatives et ses prophéties jalouses, elles proclament plus haut encore l'ardente conviction de ses victimes et leur irrésistible dévouement. Elles nous disent combien l'instinct affranchi de l'homme avait en soi-même confiance pour ne pas reculer devant des obstacles si grands; combien enfin il avait cru recevoir les promesses de la Providence pour entreprendre ainsi de braver les menaces du destin.

Les premiers artistes grecs eurent ce courage, et ne firent pas faute à l'humanité souffrante; si l'on en croit les traditions du monde ancien, ils posèrent hardiment la main sur l'édifice cyclopéen qui écrasait plutôt l'humanité qu'il ne l'abritait; ils le mirent en morceaux, et surent lui façonner de ses ruines un asile plus large, plus noble et moins triste. Aussi la Grèce alors crut-elle, dans sa reconnaissance, que le blond Apollon, son Dieu, exilé du ciel pour avoir tué les noirs cyclopes, s'en consolait en ornant la terre et en instruisant ses enfants. Le fait est qu'à travers mille embûches suscitées par le principe primitif, par le monothéisme primordial, le peuple et l'art marchèrent à leur délivrance depuis Prométhée jusqu'à Praxitèle, depuis Dédale et Icare, les constructeurs du mystérieux labyrinthe, jusqu'à Ictinus et Callicrates, les architectes du Parthénon; c'est-à-dire depuis l'origine de la civilisation et de l'art grec, proprement dit, jusqu'à leur double et magnifique efflorescence dans Athènes, la ville élue de la démocratie et du progrès, qui donna au monde, pour marquer sa valeur, Socrate et Phidias, Apelle et Platon.

Mais jusqu'ici nous ne sommes pas encore parvenus, nous le sentons, à faire ressortir l'architecture grecque d'une manière frappante et sous sa physionomie propre, autant que nous l'avons pu faire pour les architectures qui l'ont précédée et dont elle nous semble dériver. Ceci doit bien avoir sa cause. C'est qu'en effet l'architecture grecque, en soi, échappe davantage à une sommaire appréciation. Son principe est moins simple, ses formes sont plus variées, par conséquent l'impression qui en résulte est plus complexe et moins définissable. Pourquoi? C'est que, par la même raison que l'architecture est de tous les arts celui auquel le dogme religieux confère le plus d'importance, il est également celui qui peut le moins suppléer à son absence ou à son affaiblissement. L'architecture, dans les changements que le génie humain fit subir aux croyances primitives, dut donc perdre en Grèce cet incomparable aspect de grandeur et les allures souveraines qui l'avaient distinguée dans l'Inde et dans l'Égypte. A mesure que le dogme religieux décroît, que le sacerdoce s'affaiblit, les forces et les affections individuelles sont davantage appelées à produire et à s'exprimer. De là des œuvres plus originalement élaborées, mais moins imposantes; car ce que l'individu gagne en indépendance et en énergie, le corps social le perd en autorité et en puissance. Au temps où l'homme est exploité et abruti sous les théocraties et sous les castes, la beauté consiste dans le volume, et le génie dans la patience. Au temps où l'homme s'affranchit et se développe, le génie s'exerce dans l'étude, et la beauté se trouve dans la forme.

Ce dernier moment est celui où les arts, enchaînés par l'architecture, se dégagent enfin; la sculpture et la peinture, captives, étiolées à l'ombre du temple, s'échappent, et proclamant au grand jour leur indépendance, se confient à tous les élans et à toutes les inspirations du sentiment individuel. Or, comme ce sentiment est alors l'élément progressif par excellence, elles arrivent bientôt du même pas à leur complet épanouissement. Cette révolution est périlleuse pour l'architecture; car, on le comprend, privée alors des énormes ressources que les religions et les despotismes immobiles peuvent seuls accumuler et dépenser, il faut qu'elle y trouve une compensation et plus même qu'une compensation, sinon elle est débordée; sinon, reine détrônée, sans puissance et sans parure, elle se verra restreinte aux formes que lui inflige seulement le besoin, et ne connaîtra plus que les rapports grossiers des plus élémentaires convenances.

Mais, quoiqu'un instinct irrésistible pousse chaque art à se développer dans son essence intime et dans ses tendances personnelles, si ce mot peut se dire, un instinct également précieux les ramène à s'assister et à se réunir. La peinture et la sculpture, filles de l'imitation expressive et passionnée, interprètes des sentiments de l'ame, des mouvements de la pensée, contemplatrices assidues et intelligentes de la nature extérieure, rapportent à l'architecture leur moisson entière. L'architecture, autrefois leur jalouse marâtre, se voit alors ennoblie et agrandie par tous ces progrès et toutes ces conquêtes, fruits inespérés de la liberté qu'elle leur disputait. Alors l'architecture qui leur avait donné au point de départ le calcul, la régularité et, jusqu'à un certain point, le caractère, reçoit à son tour la vie de ces arts essentiellement vivants. Elle apprend aussi, autant qu'il lui convient, les lois de l'imitation de ces arts essentiellement imitateurs. Alors, dans cette étreinte fraternelle, dans ce partage des ressources communes, l'architecture se tient à leur hauteur, si même elle n'arrive pas à les dominer encore par la vertu de ses qualités natives et par l'ensemble plus large de sa constitution. C'est là précisément ce qui arriva en Grèce : la sculpture et la peinture, sans parler ici des secours immédiats et du concours positif qu'elles fournirent incessamment à l'architecture, ouvrirent encore pour elle le champ aux plus ingénieuses et aux plus fécondes analogies. La peinture qui, avec des moyens en apparence si éloignés de ce qu'elle cherche à représenter, et qui arrive cependant à l'exprimer si puissamment, initia l'architecture à tous les phénomènes de la vision et à toutes les ruses de la ligne et du ton. Et l'architecture, cet art qui semble, à la première idée qu'on s'en fait, soumis si étroitement à la réalité du résultat matériel, connut ainsi les plus subtiles et les plus captieuses abstractions. Elle sut, dans l'intérêt de ses dispositions, éloigner ou rapprocher, diminuer ou agrandir, montrer ou cacher les différentes parties de l'œuvre, par la seule intelligence du point de vue. La sculpture, dont le terrain est plus borné que celui de la peinture, mais dont l'effort est aussi savant ; la sculpture qui palpe, qui mesure, qui balance les formes, qui marche à l'expression et à l'intérêt par l'imitation la plus positive et la plus matérielle, et en même temps par le choix le plus arbitraire et le plus idéal, initia l'architecture à la science des proportions, au calcul des divisions et à l'effet des différentes variétés dans les objets de même nature. De même que la face avait été prise par le sculpteur comme le modèle qui devait le guider dans son étude de la figure humaine, l'architecte en choisit un qui le guidât également dans la décoration de ses édifices. Les ordres furent inventés ; le triglyphe dans le dorique, le diamètre de la colonne dans les autres, imposèrent à chaque partie sa mesure et son rapport. L'architecture, elle aussi, se rendit compte de ce qui constituait la beauté du corps de l'homme. Il y a plus, elle l'imita, non point positivement dans sa réalité et dans ses formes, comme l'assure le grave Vitruve, entraîné trop loin par sa conviction savante, mais bien dans son économie et dans ses causes ; non point d'une manière servile, mais d'une façon toute intellectuelle, toute figurée et d'après la grande loi métaphysique de l'analogie. Ainsi l'architecture chez les Grecs refléta l'homme et sa beauté. Ainsi le temple leur apparut comme un corps organisé et vivant, qui, par le jeu indépendant de ses membres, la précision de ses attaches et l'heureuse harmonie de son ensemble, glorifiait leurs Dieux, à l'égal des plus belles idoles et des plus belles créatures. Mais ce n'est pas tout ; le génie artistique de ce peuple, le plus humain et le plus sympathique sans contredit de tous les peuples antiques, devait encore ouvrir à l'architecture un plus vaste champ. Ce peuple, qui ne demandait pas mieux dans ses larges et souples croyances que de tenir compte de toutes les tendances de l'homme ; ce peuple qui acceptait toutes les passions, tous les mobiles, toutes les variétés, tous les caractères, pour peu qu'il pût les idéaliser et les consacrer en les ennoblissant, permit aussi à l'architecture d'échapper à la monotonie d'une forme étroite et fixe. De même que la sculpture avait pu chercher la beauté dans tous les âges et dans toutes les natures, l'architecture put rencontrer l'expression dans tous les aspects. Le style dorique, emprunté aux errements des âges primitifs, reflétant encore l'esprit de conservation et de stabilité représenté dans la multiplicité grecque par la race dorienne, par l'aristocratique Lacédémone surtout, se prêtait à l'expression de la force et de la solidité. Ses profils abruptes, ses massives colonnes, qui souvent n'avaient pas quatre fois leur diamètre en hauteur ; ses chapiteaux austères, qui souvent restaient dénués de l'astragale et du gorgerin, et dont toujours le saillant abaque abritait largement le fût et portait fièrement le poids de l'architrave, fournissaient tous les aspects mâles dans toutes leurs nuances et dans tous leurs degrés. Son caractère spécial, suivant les modifications diverses, embrassait depuis l'âpreté et la lourdeur même jusqu'à l'héroïsme et la majesté. Le style ionique, moins ancien, moins solidaire de l'élément primordial, double produit du riant climat de l'Asie mineure et de l'esprit indépendant et progressif de la race ionienne, représentée surtout par la démocratique Athènes, a moins de sévérité et plus d'élégance. Ses profils fins, ses colonnes sveltes que le vieux Vitruve comparait au corps de la femme; ses chapiteaux compliqués et purs, avec leurs délicats filets, avec leurs volutes enroulées, qu'il comparait encore à sa chevelure, traduisaient, suivant leur richesse ou leur simplicité, toutes les impressions de beauté, de grâce, d'amour et de volupté. Enfin, le style corinthien naquit ou plutôt se fixa dans les plus beaux temps de la Grèce. Il est peut-être enfant déjà de ce perfide besoin qu'éprouvent les nations parvenues à leur apogée, d'unir la richesse à la beauté et le faste à la grandeur. Le hasard, en tout cas, plaça bien ses derniers progrès dans l'industrieuse et opulente Corinthe; ce style, plus qu'aucun autre, appelle à soi la sculpture; il lui demande souvent toutes ses ressources, tout son savoir, tous ses caprices, pour orner ses bases, ses fûts, ses chapiteaux et toutes les divisions de son ordonnance; il les lui demande non-seulement pour découper et grouper dans ses chapiteaux les feuilles de l'olivier, des nymphées et du lotos égyptiens et de l'acanthe; mais encore pour dérouler tous ses ornements dans ses rinceaux, et pour faire courir dans ses frises les griffons, les chimères, les génies, les hommes et les animaux. Le style corinthien, enfin, couronne par sa pompe et sa magnificence le bel ensemble architectonique de la Grèce; ensemble qui ne sera jamais trop admiré, parce qu'il témoigne hautement que le génie humain a pu dans certaines circonstances approcher de toute la perfection et de toute l'harmonie qu'il pouvait comprendre; ensemble pour lequel nous ne craignons pas d'écrire notre pieuse vénération, même en pensant aux déblatérations niaises et à la puérile réaction qui ont cours dans nos écoles récalcitrantes; même en pensant aussi à toutes ces déclamations emphatiques et vides qui retentissent sans cesse dans nos écoles soumises; même en présence, il faut le dire, de tous leurs honteux plagiats, de toutes leurs imitations veules et lâches, qui n'ont à nos yeux ni but, ni excuse, ni conscience, ni physionomie.

Maintenant, après avoir fait ressortir, autant que nous l'avons pu, le caractère de l'architecture chez les Grecs, la dernière nation de l'antiquité qui ait eu une doctrine artistique réellement originale, nous allons essayer encore de nous rendre compte de sa destinée chez les Romains.

Le peuple romain a résumé l'art antique, si ce n'est en droit, au moins en fait; ce peuple, né pour violenter et engloutir tous les autres et les fondre dans la plus gigantesque unité, s'empara, comme d'un héritage qui lui était réservé, de tous les éléments et de toutes les acquisitions artistiques connues, pour en composer un art à sa taille et à son goût. La forme austère et terrible des Égyptiens et des Étrusques, la forme fastueuse et fantastique des Orientaux, la forme savante et belle des Grecs, brutalement conquise comme ces peuples, et irrésistiblement triturée comme eux, constituèrent l'art romain, c'est-à-dire l'expression la plus générale et la plus complète de toutes les tendances artistiques du monde d'alors; ce qui est loin de vouloir dire que chacune de ces tendances y ait gagné en particulier et dans son développement propre. L'assimilation romaine, entachée de la plus odieuse brutalité, ne pouvait obtenir d'aussi désirables effets. Les grands et rares modèles, les types inimitables de la beauté abstraite des différentes formes locales, affectionnées par les différents peuples anciens, se doivent chercher chez ces peuples mêmes et dans le temps de leur dignité et de leur indépendance. Mais ce qu'il importe de constater, c'est qu'à travers l'art romain peut seulement nous apparaître le véritable ensemble de l'art antique, dans toutes ses variétés et toute son étendue, dans tous ses rapports et toutes ses dissemblances. Nous n'en donnerons point d'autres preuves que les vestiges eux-mêmes de l'art romain, qui nous semblent encore aujourd'hui, après tant de révolutions et de bouleversements, offrir l'immense répertoire de toutes les idées et de toutes les industries, de toutes les notions et de toutes les ressources du monde ; en effet, non-seulement toutes les formes et tous les styles, mais encore tous les matériaux et tous les moyens, affluèrent à Rome, qui devint ainsi le centre de toutes les applications.

Jamais peuple, autant que le peuple romain, n'a usé ni abusé de la matière : on fouilla pour lui toutes les carrières connues, et on en découvrit pour lui de nouvelles ; on se dépouilla pour lui de tous les trésors ; on lui sacrifia tous les efforts, on lui dévoua toutes les conceptions, et Rome fut assise au milieu de monuments d'utilité, de mollesse ou d'orgueil, que jamais aucun autre peuple n'eût osé se permettre ou désirer dans ses jours de puissance et de richesse. Rome mal assouvie malgré toutes ses spoliations, mal satisfaite malgré toutes ses limitations, demanda des monuments qui fussent à elle seule. Des arcs de triomphe, des colonnes triomphales, des voies, des aqueducs, des phares, des ponts gigantesques, des forums, des rotondes, des palais, des cirques, des hippodromes, des naumachies, des bains, des théâtres, des settizones et des cimetières aussi grands que des villes ; des statues, des tableaux, des tentures, des incrustations, des mosaïques, des meubles assez grands, assez nombreux, assez riches, pour orner des provinces entières. Ce vaste développement et ses conséquences, voilà l'art des Romains. Et ce qui peut, entre tant d'autres considérations, donner l'idée de leur puissance, c'est non-seulement ce qu'ils absorbèrent pour l'orgueil de Rome, mais tout ce qu'ils firent refluer au loin pour l'orgueil de l'empire. Le peuple romain, voulant partout se trouver chez lui, exigeait, dans toutes ses entreprises chez les peuples subjugués, la même abondance et la même majesté ; ce qui fait qu'aujourd'hui, suivant la durée et la tranquillité de son occupation guerrière, on retrouve partout, après deux mille ans, les mêmes traces de sa volonté et de sa puissance; partout, depuis les ruines de la lourde muraille qui sépare l'Angleterre de l'Écosse, jusqu'aux ruines élégantes de Balbeck, d'Antioche et de Palmyre.

Mais cette volonté et cette puissance du peuple romain n'émanaient pas d'un sentiment vif de l'art, ni d'une profonde intelligence de ses limites et de son objet. Son enthousiasme artistique, malgré son énergie apparente, n'avait aucune vie réelle. Ce n'était chez lui qu'une affaire d'arrogance et d'ostentation. Incapable par l'excès de la puissance, par le dégoût qu'il donne, par la dépravation qu'il amène, d'assigner aux choses leur juste prix, sa magnificence lui tint lieu de goût, et son estime pour les arts ne fut qu'un amour grossier de la possession et qu'une passion effrénée pour le luxe. Or, la sainte origine de l'art n'a rien à démêler avec ces sales mobiles. Les arts, enfants des plus nobles instincts de l'homme, conséquences sublimes de ce sentiment élevé et naïf de vénération et de sympathie qui distingue l'homme entre tous les êtres, ne peuvent que s'avilir et se dénaturer en entrant au service des passions dédaigneuses et des appétits féroces de la force matérielle et de l'égoïsme.

Quand l'épais Mummius (qu'on nous pardonne ce banal souvènir, car il peut nous servir à exprimer notre pensée d'une manière frappante) s'abattit sur la malheureuse Corinthe, la saccageant et la ruinant, il représentait exactement la foncière barbarie de son peuple. Quand il vint à réfléchir que, parmi tant de cadavres, il pourrait peut-être trouver quelque grammairien, quelque poète, quelque peintre, quelque architecte encore vivant pour les mener à Rome, pour les montrer comme des bêtes curieuses et amusantes, il représentait exactement l'ignoble curiosité de son peuple, et il écrivait lisiblement chez ce peuple la naissance abjecte de l'art. La translation à Rome des fragments précieux ramassés dans la mutilation de Corinthe fut le signal de la transformation de l'art. Ce signal démoralisa la Grèce : la force et les monstrueux appétits du peuple romain s'étaient révélés, ils devaient s'assouvir. Ce peuple, qui ne sut jamais orner son idée par lui-même, qui ne sut jamais manier un outil avec intelligence, à qui toute autre fatigue que la fatigue militaire faisait horreur, qui recrutait tous les hommes de science ou d'inspiration qu'il fallait à ses nécessités ou à ses plaisirs, parmi la troupe avilie de ses prisonniers de guerre, de ses esclaves, que pouvait-il rencontrer? N'était-ce pas justice qu'il n'obtînt que des idées bâtardes, fruit de la crainte et du servilisme; et des formes factices, fruit de l'humiliation et du découragement? Tout art et toute science, toute intelligence et toute imagination, n'eurent plus au monde qu'un pôle vers lequel ils gravitèrent, l'adulation de la richesse et de la force : pitoyable et emphatique résultat, que l'immensité des ressources et sa durée colossale ne peuvent déguiser, surtout quand on examine ses dernières conséquences et le point où il vient aboutir. Le siége de Corinthe n'était pas encore bien loin; les premières violences des proconsuls romains étaient encore toutes fraîches; les plaies de la Grèce étaient encore saignantes; et toute la fécondité de la verve indépendante des Grecs n'était pas encore tarie, que les Romains étaient déjà blasés, et se battaient les flancs dans leur faim insatiable et leurs caprices sans terme. Il leur fallait du nouveau; il leur en fallait sans cesse; et le nouveau pour eux était une richesse toujours plus grande, une prodigalité plus effrénée; et de même qu'il leur fallait maintenant des légions de gladiateurs s'égorgeant dans le cirque, des troupeaux de lions se dévorant dans l'arène, il leur fallait des légions de statues, des forêts d'obélisques et de colonnes, s'effaçant par l'agglomération dans leurs places, dans leurs jardins, dans leurs édifices. Entendez le vieux et austère Vitruve, qui les dénonce déjà dans les beaux temps d'Auguste, et qui leur prédit les dernières conséquences de toutes leurs transgressions et de tous leurs excès en fait de goût. Entendez, sous Tibère et sous Caligula, le peuple romain déblatérant contre l'indécente parcimonie d'Auguste qui, cependant, en mourant avait dit avec complaisance : « J'ai trouvé leur ville de terre, et je la leur laisse toute » de marbre. » Voyez Néron, infatué de son talent d'artiste, brûler la ville ainsi faite, parce que la ville lui déplaît, l'ennuie, et qu'il y a trop longtemps qu'il la connaît comme cela, pour n'en pas vouloir une nouvelle. Cependant la ville en flammes contenait et les statues d'or de Néron, divin empereur, et le portrait de Néron, divin musicien, peint sur une toile de cent vingt pieds de hauteur. D'Auguste à Constantin, de miracles en miracles, d'excès en excès, tout ce déploiement de force et de richesses ne fut qu'une monstrueuse et appauvrissante orgie. Le dernier mot de la civilisation romaine sur l'art fut l'altération de l'aspect, de l'ordre, de la convenance, de la proportion, de la beauté, de l'impression, par un insatiable besoin d'étonnement, de profusion, de caprices, de richesse, de débauches et d'émotions matérielles.

La fin de l'art antique proprement dit a été marquée au règne de Constantin.

L'antique Byzance, promue par cet empereur au rang de capitale, donna son nom à l'époque que cet acte inouï allait ouvrir. Que cette limite soit entièrement juste ou ne le soit pas, nous l'acceptons pour notre point de départ. Quelle inflexion nouvelle imprimèrent donc à l'art antique l'idée et la civilisation byzantines? La même qu'elles imprimèrent à toutes choses. Elle signala l'écroulement du vieux monde et la triomphante invasion du monde nouveau. Ce grand mouvement s'opéra, d'un côté, par l'explosion finale de tous les vices, de tous les excès, de tous les crimes et de toutes les fautes qui présageaient depuis longtemps, déjà, la perte de l'empire. Vaste dénouement, tour à tour comprimé ou accéléré par les empereurs, incroyable série d'hommes énergiques et forts, soit qu'ils aient voulu conserver ou dissoudre. D'un autre côté, ce mouvement s'opéra par la sanction politique si longtemps attendue et accordée enfin avec éclat à toutes les pensées nouvelles, à toutes les espérances généreuses, à toutes les tentatives hardies qui constituaient le christianisme, et qui, depuis trois siècles déjà, s'étaient attachées aux flancs de l'empire et le minaient; c'était donc essentiellement une révolution où toutes les ruines et toutes les écumes, tous les germes et tous les espoirs devaient combattre, fermenter, et se trouver emmêlés dans une inextricable anarchie. D'une part, les croyances, les habitudes et les affections païennes profondément invétérées, mais énervées et sans ressort; de l'autre, la foi, la moralité, la vénération et les amours chrétiens à peine formulés, affermis, consacrés, mais pleins de l'énergie, de la jeunesse et de la fougue que donne aux sentiments qui doivent vivre et agir une longue et atroce compression : rude combat, dont on croit encore entendre le bruit, et auquel mille ans ont pu, à peine, suffire; combat dont l'issue n'a pas été aussi radicale qu'on le veut bien dire; car il nous semble que le christianisme, malgré ses héroïques efforts, laissa souiller, sous les contacts de la lutte, une partie de son désintéressement et de sa virginité primordiale, et oublia, au milieu des dangers et des fatigues de cette guerre, une partie de ses premières espérances et de ses premières promesses. Loin de nous cependant de vouloir soulever ici de respectables susceptibilités, en apportant dans un ordre trop élevé des affirmations pour lesquelles nous ne sommes ni disposés ni choisis. Mais sur le terrain où nous sommes, dans la question de l'art, nos paroles n'impliquent pas le moindre doute et sont tout-à-fait nécessaires. En effet, puisque tout le monde s'accorde à dire que notre art moderne, surtout dans sa phase la plus actuelle, emprunte à l'art antique et s'appuie sur lui, ne faut-il pas dire à quelles circonstances remontent et les premiers emprunts et les premiers secours qu'il en a tirés? De plus, puisque personne n'imaginerait de contester que notre art moderne, encore aujourd'hui, a eu jusqu'à présent pour occupation principale de servir bien ou mal la religion chrétienne, ne faut-il pas savoir ce que l'idée chrétienne réclamait de l'art dès le principe, quel cas elle faisait de son concours, et à quelles conditions elle l'accepta? Et encore avec quelle fidélité l'art le lui fournit? Pour cela, il faut donc de toute nécessité demander au paganisme quel a été son dernier mot sur l'art, et à la religion chrétienne quelles ont été pour l'art ses premières paroles : transition délicate et confuse, si on l'aborde avec passion, mais très lisible, il nous semble, si on l'examine avec calme.

Qu'on se demande donc ce que durent penser de l'art, de ses

avantages, de ses enseignements, de ses influences et de ses voluptés, les fondateurs du christianisme à peine échappés aux persécutions des Dioclétien, des Maximin, des Galérius! Qu'on se demande ce que devaient attendre de l'art tous ces austères et inflexibles vétérans de l'Église militante quand Constantin voulut bien abriter la religion naissante sous la pourpre impériale ! L'art parut, et, on le conçoit, dut paraître à ces hommes généreux solidaire et responsable de la corruption païenne et de toutes les idolâtries qu'ils venaient extirper, et contre lesquelles le sang du Christ et des martyrs avait protesté sans relâche. Leur premier mot fut donc un cri d'anathème et de proscription, et ils ne pensèrent à rien moins qu'à envelopper l'art dans la ruine de toutes les pratiques criminelles qui soulevaient leur indignation. L'architecture, la peinture, et la sculpture surtout, vouées dans l'antiquité, d'une manière aussi flagrante et aussi immédiate, aux superstitions du culte et à la glorification de toutes les vanités et de toutes les fantaisies particulières, furent indiquées à leur sainte colère et assimilées par eux aux industries les plus dégradantes et les plus dangereuses.

Mais il ne s'agissait pas seulement de tonner contre l'art et de le proscrire, il fallait en détourner les peuples et les princes si longtemps enivrés par lui. C'était une rude tâche ; car l'élément artistique, l'adoration de la forme, étaient encore peut-être, à tout prendre, ce que le paganisme offrait de plus résistant et de plus vivace. Le culte sévère des catacombes dont les chrétiens sortaient à peine, la renonciation à toute chose où les anachorètes allaient entrer, n'étaient point, de leur nature, faits pour embrasser et relier dans la communion nouvelle les peuples vieillis et profondément viciés de l'empire, et les peuples enfants que chassait la pauvreté du nord, et qu'appelaient les délices du midi. La propension à l'ornement, le culte des images, contre lesquels l'idée toute spiritualiste du Christ avait dû s'inscrire dès l'origine, l'avaient déjà débordée dans les sombres retraites, dans les sépulcres lugubres, où elle s'abrita dans les premiers jours. La politique de l'Église avait envahi le monde avant sa morale.

L'estime dans laquelle elle tint Constantin, son premier appui, en dépose hautement. Le monde était païen encore, et l'Eglise, qui avait hâte et voulait régner vite, en bien des points, usa de transactions. On venait à elle de tous côtés et par tous motifs; on venait à elle par la foi, mais aussi par l'esprit de nouveauté et de contradiction ; on venait à elle par dévouement, mais aussi par calcul ; on acceptait ses dogmes avec naïveté, mais on les commentait aussi avec toutes les subtilités académiques. On se rangeait dans la communion par esprit de fraternité, mais on s'y prévalait aussi, par orgueil, de sa naissance et de sa caste. L'Église, prudente et patiente, ne voulut pas dépasser les bornes du possible, et elle laissa autant qu'elle put dans le vague les controverses irritantes dont la solution offrait des dangers. Elle laissa donc longtemps éclater et déclamer les chrétiens sincères et convaincus contre le luxe, contre le scandale des images et les autres séductions de l'art, et elle laissa aussi les chrétiens vacillants et douteux s'y plonger et s'y complaire. Pouvait-elle faire autrement? Non, et pour le comprendre, il suffit de réfléchir à ce que fut Constantin, qui l'appuya de son ascendant et de sa puissance; car Constantin est peut-être le symbole le plus précieux à observer de l'anarchie primitive dont nous parlons, et du mélange final des données païennes et chrétiennes qui constituent ces temps. Constantin, considéré sous un certain point de vue, paraît un type plus absolu du caractère païen qu'aucun de ses prédécesseurs. En effet, ne fut-il pas païen dans ses mœurs et dans ses actions, dans son mépris des hommes, dans son adoration des choses? Voyez-le, quand à peine il vient d'abattre Maxence, permettre aux villes d'Afrique de consacrer des temples aux princes de la maison Flavienne dont il sort, ordonner ou permettre au sénat de lui décerner les honneurs divins, et constater cette divinité dans ses médailles. Voyez-le, dans sa mollesse, surpasser Héliogabale et Caracalla, Adrien et Dioclétien dans son faste; voyez-le, dépouillant Rome, comme Rome autrefois avait dépouillé la Grèce, pour bâtir sa ville nouvelle, de marbre, de porphyre, de granit, de jaspe, de bronze et d'or; voyez-le se promenant dans sa robe traînante tissue de soie et d'or, avec son diadême, ses colliers, ses bracelets, ruisselants de perles et de pierres précieuses, introduisant dans la basilique de Sainte-Sophie quatre cent vingt-sept statues, arrachées aux sanctuaires païens de la Grèce et de l'Asie, y posant son image à côté de celle du Christ, et celle de sa mère l'impératrice Hélène, à côté de celle de la Vierge, tarissant enfin les carrières de la Phrygie et de l'île de Proconèse, pour ses quatorze palais, pour ses quatorze églises, pour ses huit bains publics, pour son hippodrome, pour son forum entouré d'un portique, terminé par deux arcs de triomphe, et au centre duquel, sur une colonne de porphyre de cent vingt pieds de hauteur, s'élevait son colosse triomphal ; et puis, par on ne sait quel délire, s'irritant contre son propre ouvrage, travailler à le détruire, et grand rassembleur d'images, devenir ensuite une sorte d'iconoclaste, pour retourner bientôt à ses premières adorations et à ses premiers excès. Constantin paraît être, de tous les princes, celui qui a le plus fait travailler. Périclès, Alexandre, Auguste, Adrien, Charlemagne, Jules II, Louis XIV, sont bien loin à cet égard de pouvoir lui être comparés. Il paraît être aussi celui qui a le plus fait détruire; Attila, Alaric, Odoacre, Alboin, lui cèdent le pas. Constantin, dans cette double fonction d'élever et d'abattre, apparaît avec le même cachet de fureur et de barbarie; et c'est en ceci qu'il nous semble admirablement résumer son époque artistique.

Si ce que nous avons fait entrevoir de l'état de l'art, sous les derniers empereurs païens, est vrai ; si nous ne nous sommes pas trompés en continuant à l'apprécier sous le premier empereur chrétien, et si pendant longtemps les successeurs de Constantin reproduisirent, à différents degrés, son caractère, et suivirent ses exemples, où donc est l'art byzantin ? Quelle nouvelle inspiration, quelle nouvelle forme, quelle nouvelle technique l'ont constitué ? En vérité, on ne saurait le dire, et on ne comprend guère pourquoi on a fait remonter à la translation de l'empire à Byzance et à la promulgation de la religion chrétienne, les réels et signalés changements qu'un nouveau nom suppose. En effet, où était alors la transformation dont, depuis peu, on fait tant de bruit? Les travaux entrepris à Byzance ne diffèrent en rien de ceux qui les avaient immédiatement précédés ; et il suffit de s'informer et de les connaître, pour constater encore ici la fâcheuse disposition où sont les écrivains que nous avons en vue de vouloir, à propos d'art, arracher de vive force à l'histoire les inductions les plus gratuites. Ceux qui ont osé dire que la promulgation de la religion chrétienne, comme religion de l'État, avait été le signal de la décadence des arts et de la ruine du goût, ceux qui se sont permis de dire que cet avénement avait au contraire mis aussitôt les peuples en possession d'un art nouveau et plus digne, se sont également trompés et ont également exagéré les motifs historiques de leur croyance, si ces motifs existent jusqu'à un certain point. L'établissement du christianisme n'a pas eu et n'a jamais pu avoir ces effets absolus. Les grandes causes de la dissolution du goût préexistaient. Rien ne pouvait guère aggraver la situation mauvaise de l'art antique, acculé dans le plus paresseux et le plus indifférent éclectisme, n'étudiant plus rien, ne désirant plus rien, ne choisissant plus rien, amalgamant et gâchant tout. Constantin, en dépouillant et en accablant les peuples, en détruisant, en bâtissant de toutes parts, sans frein et sans bornes, pour satisfaire tantôt à ses colères, tantôt à ses calculs, tantôt à son orgueil, tantôt à ses dévotions, ne dérogeait en rien au paganisme, et n'altérait nullement l'art antique. Tous les empereurs, avant lui, n'avaient rien ménagé pour leurs caprices, et depuis longtemps l'art insouciant se prêtait à tout, et se laissait faire comme un patient qui n'a plus d'espoir et qui s'est résigné. Quoiqu'il allât ainsi de plus en plus en se dégradant, Constantin nous semble n'y être pour rien. La religion chrétienne, de son côté, n'avait rien apporté de formulé, ni pour le remplacer, ni pour l'alimenter, ni pour le renouveler. Elle ne s'était pas occupée de l'art, ou plutôt elle le repoussait, ou plutôt elle le subissait comme une nécessité païenne, sur laquelle il était bon de fermer les yeux. Où donc, dans ces temps, trouver la poétique nouvelle et révélée du christianisme? Qu'on nous le dise. Serait-ce dans les catacombes et dans les églises souterraines où s'abritèrent, prièrent et reposent maintenant les premiers confesseurs de la foi? Mais qu'y voit-on, si ce n'est partout la forme païenne, paresseusement accommodée aux convenances chrétiennes; si ce n'est la croix grossièrement entaillée aux flancs du sarcophage antique; si ce n'est la colombe ou l'agneau aux cinq blessures, grossièrement enclavés dans les distributions antiques de la fresque; si ce n'est enfin, quand le sculpteur ou le peintre ont voulu sortir de ces symboles élémentaires, ce qui pouvait rester alors du costume, de l'arrangement, du geste et du galbe antiques? L'allégorie même, cette fille menteuse et dissolue de la Grèce antique, s'y affiche autant que la sainteté du lieu et l'austérité des circonstances l'ont pu tolérer. Le Christ, sous la figure d'Orphée, jouant de la lyre, attire et charme les animaux féroces; ou comme le Mercure antique, le pasteur évangélique, assis à l'ombre des arbres et jouant de la flûte, garde ses brebis, ou debout et marchant, comme le faune antique, ramène sur ses épaules celle qui s'égare.

Mais si l'obscurité des cryptes primitives ne nous cache en réalité rien qui puisse témoigner de l'existence d'un art exclusivement propre aux chrétiens, ou du moins vigoureusement transformé par eux, voyons si les édifications de l'époque constantine peuvent nous l'offrir. Et nous ne pensons pas, assurément, à le chercher dans ses palais, dans ses thermes, dans ses arcs triomphaux, ni dans ses portiques. Nous le cherchons dans les temples qu'elle consacra au nouveau dieu de l'empire. Nous le cherchons là seulement, et là même nous ne le trouvons pas. Si le temple des idoles a été rejeté par la religion nouvelle, il semble que c'est uniquement par l'impossibilité matérielle de s'y pouvoir installer. Le temple païen prêtait au peuple ses colonnades et ses portiques; mais il gardait fermée l'étroite et obscure *cella*, tout entière réservée aux prêtres. Le temple chrétien, au contraire, devait recevoir dans son sein les peuples à flots pressés; il devait les inonder de lumière pour chasser enfin la terreur du sanctuaire désormais hospitalier. C'était là, certes, en apparence, un beau programme pour l'art : mais de longtemps il ne devait rien en sortir. L'Église n'attachait pas à l'art un sens assez profond, ni une assez haute portée; loin de là, elle tenait à distance et refoulait toute recherche vaine et toute adoration profane. Elle regardait le corps de l'homme comme un sépulcre blanchi; elle n'affirmait pas la beauté du Christ, elle n'avait pas encore songé à la beauté de la Vierge, et le temple de Dieu lui paraissait convenable, pourvu qu'il fût sans ténèbres et qu'il fût grand. Si César et ses patriciens, ses affranchis et ses eunuques, demandaient davantage, l'Église laissait faire, n'avait point d'inspiration à donner, et l'atelier païen apportait ses vieilles ressources et ses décorations fanées. Peut-on le nier, quand on voit l'Église s'emparer, non-seulement de la basilique antique sans rien y changer, mais encore en reproduire complétement et le plan et l'ordonnance dans les nombreux édifices qui s'élèvent à l'envi pour l'exercice du culte? Les chrétiens vinrent donc librement adorer Dieu dans ces mêmes salles où le préteur, sur son tribunal, les condamnait naguère au supplice. Les hymnes saintes et la parole vénérée du prêtre y remplacèrent le confus murmure des plaideurs et les aigres discussions des avocats. Les pieuses conférences des évêques, l'administration désintéressée des diacres y succédèrent aux conversations des marchands et aux opérations de négoce. Et (chose plus étonnante encore!) pour encadrer dignement l'effigie du Christ et la montrer au peuple, l'Église ne demande rien de nouveau à l'art; elle se contente des ajustements consacrés à l'effigie de l'empereur, dans l'*augusteum* des absides. L'Église, en venant ainsi habiter les palais de justice et les bourses des anciens, cachait-elle, sous une démarche singulière, une large espérance, et se livrait-elle, dans la conscience de son avenir, à une saisissante allusion? Voulait-elle, sous cette figure, marquer qu'un jour elle entendait disputer à l'ordre civil, et sa puissance, et ses richesses, et sa juridiction? Peu nous importe, ce n'est point là une question d'art. Ce qu'il nous suffit de savoir, c'est qu'un monument purement païen devint le patron et le type du temple chrétien. La nef oblongue, terminée par un hémicycle, et coupée quelquefois par une nef transversale, les longues colonnades intérieures, les bas-côtés et les travées; tout ce qui se rattache, enfin, à la forme basilicale, après tant de siècles d'essais et de variations, occupe encore une place éminente dans les données de l'architectonique chrétienne. Quoi qu'il en soit, on peut dire que, longtemps après Constantin, le christianisme n'avait encore rien innové en fait d'art, de façon que beaucoup d'auteurs ont pu reculer de règne en règne, et au gré de leur judiciaire ou de leurs renseignements, la fin de l'art antique. Nous devons enregistrer ici que plusieurs, et non sans quelques raisons, n'ont pas hésité à la porter jusqu'au règne de Phocas et d'Héraclius, c'est-à-dire trois cents ans après Constantin, et dans le septième siècle de notre ère.

Toutefois, il est bon de remarquer que l'art antique, le seul qui existât alors, appauvri et méconnaissable, exténué et défaillant, tombant irrésistiblement de dégradation en dégradation, comme les choses qui décidément ont fait leur temps, et tout proche d'être enfin réduit à l'état moléculaire, avait inspiré quelque pitié au génie chrétien, jusque-là, suivant nous, implacable dans sa colère ou dans son dédain. L'Église avait-elle senti déjà son autorité s'amollir et ses vieux préceptes allaient-ils déjà céder? Faut-il reporter à ce temps, aujourd'hui si loin de nous, les premières infractions qui, plus tard, la menèrent si avant dans les voies de la mollesse et de la corruption? Faut-il reporter à ce temps les premiers aveux et les premiers symptômes des goûts profanes qui la débordèrent? Faut-il enfin y reporter les premières lueurs de la renaissance accomplie avec tant de gloire et de scandale au seizième siècle? La réhabilitation de la Sodome païenne, du sanctuaire géant du polythéisme romain, du Panthéon d'Agrippa, dédié par Boniface III à la Vierge et aux saints martyrs, était déjà, malgré les neuf cents ans de distance, un acheminement inévitable à l'audacieuse entreprise de Jules II, qui, préoccupé aussi du Panthéon, osa démolir, dans la métropole de la chrétienté, cette vieille basilique de Saint-Pierre, pour laquelle imploraient tant de glorieux et de touchants souvenirs, tant de générations de fidèles consolées dans ses murs, tant de générations de saints reçues dans ses sépulcres! Profanation sans égale, peut-être, dans les fastes du monde, et à laquelle l'intrusion des statues antiques, des Apollon, des Appoline, des Bacchus, des Vénus, des Hermaphrodites et des Antinoüs dans les salles vaticanes, ou dans les villas papales, ne saurait assurément se comparer, malgré tous les cris qu'elle a soulevés. Tout ce qu'on peut dire, c'est que, dès le septième siècle, les légats envoyés à Constantinople par Boniface III y faisaient alors reconnaître la primauté du saint-siége, et que l'empereur Phocas y défendait à Cyriaque de s'arroger le nom de patriarche œcuménique. L'Église se sentait forte, et se croyait en sûreté alors : pensée fatale à toute puissance; conviction qui est déjà un oubli et une menace. En effet, le christianisme était maître dans l'Europe entière, ou allait bientôt l'être. La croix dominait l'ancien monde, plantée au front de tous ses édifices, le long de tous ses chemins, au centre de toutes ses places et de tous ses carrefours. Les écoles païennes d'Alexandrie, d'Athènes, d'Antioche, de Carthage, avaient jeté leur dernier souffle, leur dernier venin. Les nations barbares les plus tardives allaient être informées du Christ, et suivre sa loi; et leur irruption, si cruelle qu'elle fût, ne devait plus faire refluer les Romains et les Grecs consternés jusqu'aux mystères de l'Étrurie, et jusqu'aux autels de Minerve. Le mahométisme même, avec ses espérances gigantesques et son enthousiasme rapide, était contenu et refoulé. L'architecte Callinique avait veillé sur l'Orient avant que Charles Martel se fût armé, et le feu grégeois incendiait déjà les flottes musulmanes. Ce moment de la puissance et de l'ascendant du christianisme, engagé dans ce qu'on appelle avec tant de fatuité aujourd'hui la nuit du moyen-âge, n'a pas été assez étudié : il en valait cependant la peine. Quant à nous, nous devons faire remarquer que cette lacune, que nous ne pouvons pas même songer à réparer ici, quelque sommairement que ce soit, a singulièrement oblitéré l'histoire de nos arts.

Le fait est que l'Église, libre désormais de toute inquiétude, se pencha enfin avec bienveillance, et de son propre mouvement, vers l'art païen râlant à ses pieds. Elle abrita ses derniers essais, et recueillit, autant que la pudeur le permettait, ses anciens chefs-d'œuvre. Son enceinte offrit un sûr asile à plus d'une idole, même au temps où les empereurs renouvelaient les édits qui les proscrivaient. Ses péristyles, ses portiques et ses catacombes s'encombrèrent de tout ce qui fut à son goût : autels, trépieds, vases, lampes, colonnes, chapiteaux, bas-reliefs, sarcophages et mosaïques. Il y a plus; l'Église s'apprêta, comme nous le dirons plus explicitement ailleurs, à soutenir une lutte qui pouvait devenir dangereuse pour elle. Comme nous l'avons dit ici même, elle avait voulu d'abord laisser sans solution la question délicate des images. L'empereur Léon III, homme rigide et sincère, mais égaré sans doute par un zèle indiscret et par l'orgueil du pouvoir, voulut la trancher. L'Église se redressa fièrement, tint ferme et confondit finalement l'espoir des iconoclastes, soutenu cependant par l'effort exalté et le long règne des trois princes de la race isaurienne, la seule, peut-être, qui ait fourni au trône d'Orient des hommes d'un aussi grand caractère. Cette querelle, longue et acharnée, dans laquelle les papes montrèrent un si grand courage, et les empereurs un si grand emportement, décida probablement des destinées de l'art en Europe, ou du moins fut la cause, nous dirons presque le prétexte visible, de leur développement. Et c'est à ce point précis de l'histoire que les arts pourraient sembler avoir été sauvés par l'Église romaine.

En effet, ce n'était point un médiocre danger pour eux, que les jeunes nations de l'Occident se prissent à réfléchir sur la grande question pour laquelle on convoquait leurs soldats et leurs conciles. Moins esclaves encore de la forme, plus dégagées de besoins et d'habitudes que les vieilles races de l'Orient et du Midi, combien n'était-il pas à craindre qu'elles se prononçassent dans le sens austère et rigoureux de la difficulté! Ce n'est point là, certes, une supposition gratuite; ce conflit funeste manqua tout engloutir. Charlemagne fut sur le point de jeter sa lourde épée dans le plateau; chargé déjà de la colère de l'isaurien et de la brutalité du mahométan, Charlemagne voulut lui-même dicter un livre contre les images, et les évêques francs et germains, assemblés à Francfort au nombre de trois cents, poussèrent unanimement un cri d'indignation contre la tentative idolâtre de Rome, qui anathématisait Constantinople, refusant son adoration et ses respects aux images. Sans la sagesse et l'habile conduite d'Adrien Ier, qui, par la plus politique condescendance, conjura la tempête, et qui, tantôt par ses réponses, tantôt par son silence résigné, amortit cette manifestation effrayante, les nations modernes n'auraient peut-être pas encore connu d'autre art que l'art impersonnel et inexpressif des Levantins et des Mores. Si la religion eût réglementé l'art avec cette rigueur, comment eût-il pu marcher? Les iconoclastes, en effet, se rencontraient avec les mahométans, qui proscrivaient de leurs représentations artistiques la figure humaine. Pour peu qu'on veuille réfléchir, on découvrira les conséquences énormes d'une telle proscription. Adrien consentit donc à recevoir le concile de Francfort, et chercha à donner le change sur le sens de celui de Nicée. Tous deux contradictoires, ils furent admis en même temps et avec la même autorité. Les Français et les Allemands, sans repousser les images, démarche à laquelle ils seraient infailliblement arrivés si le pape eût irrité la discussion au lieu de l'assoupir, ne leur rendirent cependant jamais aucun culte. Les Espagnols et les Italiens les adorèrent en réalité, et chaque jour célébra les interventions et les miracles de ces divinités locales : chose essentielle à remarquer dans la direction suivie par les arts chez ces différents peuples, et qui rend admirablement compte de la physionomie si distincte de leurs œuvres religieuses, et sur laquelle les champions de la restauration de l'art ne se sont pas le moins du monde arrêtés jusqu'ici. Quoi qu'il en soit, l'Église, en soulevant une telle opposition aux volontés les plus imposantes, et en courant, avant sa victoire finale, des risques et des alternatives si cruels, avait-elle une pleine conscience de son action dans le sens qui nous occupe? Nous n'oserions pas l'affirmer. Elle en retira des avantages trop matériels, trop immédiats, pour qu'elle nous semble en tout ceci s'être beaucoup préoccupée de l'avenir. Elle s'appuyait sans doute, dans une telle entreprise, sur l'assentiment des peuples, et ne froissait pas leurs tendances naturelles et observées. Mais cela, dans les circonstances où elle se trouvait, explique encore mieux son succès que sa prévoyance. Au reste, par la force providentielle des choses, plutôt que par la volonté intelligente des hommes, l'art antique, au moment de disparaître dans ses derniers débris et de se transformer, eut un magnifique épanouissement qu'il est vraiment honteux à beaucoup d'historiens d'avoir autant méconnu. Une fois son parti pris et sa bannière levée, l'Église poussa l'art, non-seulement à produire, mais encore à se propager. Les artistes grecs et italiens entrèrent dans les ordres, s'associèrent aux missions et confondirent, dans un même esprit de prosélytisme, la religion et l'art. L'art byzantin couvrit bientôt le monde et devint précisément un des plus puissants agents de la civilisation compromise après tant de bouleversements. Comme le prêtre, ne reculant devant aucune fatigue, devant aucun danger, mais mieux que lui pouvant condescendre à certaines exigences, l'ouvrier byzantin pénétra partout. Où le moine n'eût pas pu s'immiscer, l'artiste était accueilli et souvent appelé. Et comme le même voyageur avait la plupart du temps ce double caractère, beaucoup de conversions éclatantes, imprévues, en ont résulté.

L'art byzantin, c'est-à-dire toujours l'art antique, et exclusivement antique, mais dans l'état de dépérissement où il se trouvait alors, frappa à toutes les portes, et partout fut reçu. Non-seulement il régnait sans partage, comme nous le prouverons ailleurs, dans ce qui pourrait s'appeler, surtout pour nous, le monde civilisé de ce temps, chez toutes les nations germaines impatronisées dans l'ancien empire romain, mais encore il visita ce qui restait de ces peuplades barbares demeurées au Nord ; il traversa en tous sens le populeux océan de la race slave ; il vécut sous la tente de l'Arabe et du Tartare, en attendant qu'ils se fussent donné une installation plus propice. Il n'est pas enfin jusqu'aux nègres de l'Abyssinie qu'il n'ait su atteindre.

Étrange destinée de l'art grec, admirable propriété de son principe et de ses formes, mystérieuse correspondance de ses époques ! Voyez, c'est quand le malheur l'assaille, quand le destin le brise, quand le souffle et le terrain lui manquent, quand tout annonce qu'il va mourir, qu'il retrouve ses espérances, qu'il ramasse ses forces et s'élance plus loin. L'art grec était réduit à la situation la plus triste et la plus précaire : il se mourait d'inanition sur son sol ; et le voilà qui conquiert le monde, qui se porte plus avant sous les règnes obscurs des Copronyme, des Nicéphore, des Michel, des Basile, que lorsque l'épée d'Alexandre lui ouvrait le passage ; et le voilà qui s'arrête et travaille en paix, là même où le sceptre des Antigone, des Antiochus, des Séleucus et des Ptolémée n'aurait jamais pu le protéger. Et ce n'est point ici seulement, c'est aux termes les plus séparés et les plus distincts de sa longue existence, qu'on peut observer cette merveille. C'est quand il quitte sa terre natale, c'est quand la violence le broie, l'humilie et le chasse, qu'on connaît mieux son ressort, et que sa vitalité s'exprime d'une manière plus frappante. L'art grec n'a-t-il pas pour sa grande part, et pour sa vengeance, servi à ployer la brutale puissance de Rome, où il avait été amené comme un prisonnier sans armes? Quinze cents ans plus tard, quand le mahométan vint lui disputer le dernier pouce de terrain sur lequel la tradition byzantine pouvait au moins végéter sans mélange, les Grecs fugitifs, pour marquer leur reconnaissance, ne contribuèrent-ils pas puissamment au progrès de l'Europe, où ils étaient accueillis comme des exilés sans ressources?

Mais retournons un moment sur nos pas, et disons ici, en quelques mots, ce qui advint de l'étonnante diffusion de l'art byzantin dont tout-à-l'heure nous nous occupions. Nous sommes, si on se le rappelle, sur les limites de la grande époque de Charlemagne, alors que la chrétienté n'était point encore dégagée des terreurs de l'an 1000; alors que l'Église, tout en se servant de l'art, tout en le protégeant, ne lui avait certes encore imposé aucune idée mère, aucune forme nouvelle. L'art byzantin fut pris et manié par les différents peuples auxquels il s'adressa, suivant leurs instincts, suivant leurs nécessités et les circonstances dans lesquelles ils se trouvèrent. Resta-t-il longtemps assez semblable à lui-même, pour que le nom qu'il devait au souvenir de Byzance pût l'embrasser parfaitement, et suffire à désigner les modifications locales qu'il eut à subir? Que de noms l'art byzantin n'a-t-il pas dû recevoir, sans qu'on ait exprimé peut-être tous les caractères et toutes les formes par lesquelles il passa. Grec, constantinopolitain, lorsqu'il est dans son centre ou sur ses domaines le plus récemment perdus, dans l'exarchat de Ravenne, dans les Iles, à Naples, et dans toutes les villes du littoral qui retrempent sans cesse le goût de leurs ouvriers à sa source, par leurs excursions maritimes; greco-romain à Rome, où persistèrent jusqu'au moment de la renaissance de l'art, et à travers toutes les fortunes, quelques vestiges de ces vieilles écoles importées de la Grèce sous les empereurs; néo-greco-italien, latin et lombard dans le restant de l'Italie; roman et rhutenique, avec toutes les nuances et toutes les distinctions que ces noms comportent dans l'Occident et dans le Nord.

Où donc trouverons-nous le symbolisme unitaire, la forme immuable, l'expression consacrée, le caractère traditionnel, et le cachet d'universalité et d'exclusion qu'on a prétendu que la religion chrétienne avait imprimés à l'art? Sans aller, à cet égard, chercher nos doutes bien loin, nous voyons chez nous, en France, le style roman nous laisser de nombreuses traces de ces incessantes révolutions. Combien d'essais, de revirements, de tentatives inquiètes et de progrès marqués depuis l'époque où tant d'objets d'art, tirés de l'Italie, de Rome, de Milan, de Pavie, de Ravenne, par Charlemagne, vinrent orner nos vieux édifices et inspirer nos ateliers ignorants; depuis l'époque où les artistes lombards, italiens et grecs, appelés et encouragés par lui, vinrent émerveiller nos ancêtres par la splendeur encore barbare, mais jusque-là inconnue, de ses fondations sur les bords du Rhin!

Ne serait-ce donc pas à la forme byzantine qu'il faudrait demander le caractère absolu et constant qu'on prétend que la religion a communiqué à l'art? Cependant, bien que cette forme ne puisse présenter qu'une généralité vague et flottante, bien qu'on ne puisse pas étroitement la circonscrire et la déterminer, elle a eu, dans ses altérations et dans ses progrès, une lenteur qui n'appartient qu'à elle, et que toutes les formes qui lui ont succédé ont été loin et bien loin de reproduire. C'est en faveur de la forme byzantine que l'Église s'est le plus compromise et le plus occupée. C'est pour la défense et la conservation des images byzantines, c'est pour leur élaboration et leur sens, que l'Église a souffert et a veillé; car il est bon de remarquer que tous les textes des pères de l'Église, que toutes les décisions des évêques, que tous les canons des conciles, invoqués si souvent par l'érudition des apôtres actuels de la recrudescence de l'art catholique, pour prouver l'attention particulière apportée par l'Église au gouvernement des choses de l'art, remontent tous et se rapportent tous à l'époque byzantine. C'est par des artistes byzantins, ou, si l'on aime mieux, c'est sous la forme byzantine, que nous ont été laissées ces peintures, filles du miracle, ces figures archeïropoïètes, ces ouvrages de saint Luc, ces ressemblances des principaux apôtres, conformes aux visions de Constantin, ces voiles de sainte Véronique, ces Christ au long visage, ces Vierges au teint noir, et tous les types, toutes les images et tous les symboles consacrés. Mais, malgré cela, nous savons qu'on nous dira que l'idée chrétienne, que l'idée catholique n'a rien à débattre avec les misérables vestiges d'un art issu du paganisme. Mais en ceci on aura tort. Quand une idée s'est abritée, s'est manifestée sous une forme, s'est rendue palpable et intelligible aux peuples, non dans un besoin momentané, mais dans toutes les situations qu'un laps de mille années peut fournir, l'idée reste bien un peu solidaire de la forme. Et puis d'ailleurs, quel art trouvera-t-on exclusivement propre au christianisme, et remplissant toutes les conditions qu'un zèle indiscret prétend que le christianisme impose?

Dieu nous garde ici de ne point avoir prévu et de ne point

nous être réservé la réponse! Nous partageons de grand cœur et en toute conscience l'admiration que notre époque professe pour les chefs-d'œuvre d'un art que l'inconstance de nos pères a vite déserté, et auquel, dans leur dédain, ils ont imposé le nom le plus impropre. L'art gothique a semé dans nos villes ses merveilles. Il est inutile ici de les décrire, personne aujourd'hui n'y est plus indifférent, et chacun voudra croire que nous ne sommes pas les seuls artistes de notre génération qui ne sachions ni les sentir, ni les comprendre. Mais l'art gothique répond-il cependant à toutes les exagérations littéraires qui, de jour en jour, prétendent nous les mieux expliquer? Mais l'art gothique a-t-il obéi à toutes les prescriptions pieuses et à toutes les intentions sacerdotales que de jour en jour on y découvre? De ce que cet art a été expressif et a parlé aux ames, est-ce à dire qu'il a été retenu et gourmandé? De ce que cet art a eu un sens profond, est-ce à dire qu'il a été garotté dans les plus inviolables symboles? De ce que cet art a été original, est-ce à dire qu'il n'a hérité de rien, qu'il n'a rien emprunté? De ce que cet art, enfin, est sorti d'une rapide inspiration, est-ce à dire que sa forme lui avait été miraculeusement révélée? Nous ne pouvons admettre toutes ces choses. L'art gothique nous paraît encore assez grand, assez étonnant sans elles. Nous serions plutôt portés à croire en tout le contraire. L'art gothique nous paraît avoir été l'enfant de cette liberté et de cette dignité conférées à l'individualité humaine, par la religion chrétienne. Et nous ne comprenons pas bien comment ses maladroits amis se servent étourdiment de lui pour accuser le sacerdoce chrétien d'avoir continué le désolant et fatal système de compression et d'immobilité que nous avons attribué aux sacerdoces antiques, et dont, en définitive, la philosophie et l'art grec, l'épée et la corruption romaine, avaient déjà travaillé à débarrasser notre monde. Certes, les chrétiens n'ont pas reculé. Le christianisme, au contraire, nous semble avoir voulu ouvrir des voies incommensurables, en appelant justement l'homme et l'art à une activité plus complète, à une activité plus indépendante. Il nous semble, au contraire, avoir investi sciemment l'homme et l'art de tout ce qui avait coûté tant d'efforts et tant de sacrifices à leur double génie. Il nous semble n'avoir pas voulu rétrécir leur double domaine, en déclinant tout héritage, en reniant toute antique tradition. La lenteur qu'il a mise à son œuvre, les difficultés qu'il y a essuyées, les transactions auxquelles il a consenti, n'y font rien. Son premier et légitime mouvement de colère contre les richesses découlant d'une source profane, les soins qu'il a pu prendre pour en moraliser l'usage, et plus tard, l'oubli même de ses soins, ont probablement concouru à la fonction qu'il venait accomplir, celle de conserver, en le continuant et en le purifiant, l'ancien monde qui n'était plus capable de marcher. Cette appropriation constante et de plus en plus générale et progressive, de tous les matériaux, de toutes les connaissances, de toutes les idées, de toutes les tendances du passé, ne constituerait-elle pas la sagesse du christianisme dans toutes ses phases? Leur fusion de plus en plus homogène, leur alliance de plus en plus harmonieuse et complexe, leur jeu de plus en plus indépendant, leur exercice de plus en plus assuré par une moralité et une intelligence plus haute, ne seraient-ils pas ce qu'à toutes les grandes époques le christianisme a fait pour l'avenir. Au moins, est-ce dans ce sens qu'il nous semble que toutes les évolutions fameuses, dans les sciences, dans les arts, dans la civilisation, se sont accomplies jusqu'ici sous le glorieux règne de l'idée du Christ. N'est-ce pas par le plus ample, comme par le plus indépendant emploi des matériaux et des principes artistiques du passé, que se sont élevés ces grands et impérissables monuments, dont le souvenir, quand on l'évoque, soulève avec soi toute l'histoire des temps qui nous les ont légués : Sainte-Sophie de Constantinople, aussi bien que Saint-Marc de Venise, aussi bien que Notre-Dame de Paris, aussi bien que Santa-Maria-del-Fiore de Florence, aussi bien que Saint-Pierre de Rome; les dômes constantinopolitains autant que les basiliques romaines, les tours romanes autant que les flèches gothiques et que les doubles coupoles de la renaissance. Le génie artistique, encore jeune, encore consciencieux dans chacune de ses entreprises hardies, a cru consommer son œuvre; il a cru avoir tout ravi au passé, n'avoir rien réservé pour l'avenir. L'empereur Justinien, dans le chantier de Sainte-Sophie, croyait, dit-on, entendre la voix des anges le conseiller au milieu des irrésolutions de ses architectes. Et quand Sainte-Sophie, comme un ardent et premier soupir vers le ciel, eut lancé ses coupoles incertaines plus haut que n'avait songé à monter le dôme savant du terrestre Panthéon, il entendait encore, comme l'assurent les témoins les plus graves, ces anges qui lui criaient dans le sein du Seigneur : « Sois béni, » pieux empereur, tu as vaincu Salomon ! »

Artistes, princes et peuples ont connu ce mouvement; ce mouvement, un des plus élevés, un des plus précieux peut-être que l'humanité puisse sentir. Mais une chose aussi large, aussi féconde, aussi vitale pour la civilisation comme pour l'art, n'est point tributaire, dieu merci, des étroites discussions de forme, des chétives questions d'écoles, des passagères infatuations de la mode et des coteries. En tout temps, la religion du Christ a été assez intelligente et assez bien conseillée pour ne l'oublier jamais. Et si chaque forme d'art s'est crue tour à tour appelée à conclure, et n'a pas craint de déclarer toutes recherches fermées, tout mouvement défendu et toute espérance vaine, faut-il récriminer et parler sans cesse à cause de ses prétentions folles, des vicieuses tendances, et des dangereuses sollicitations de l'esprit et des aptitudes de l'homme en révolte ?

Finissons bientôt cette notice déjà trop longue. Ce que nous aurions à dire ne se peut pas dire d'une fois, et plus d'une fois nous y reviendrons : car il est dans l'intérêt de l'art d'être en présence de ces opinions demi-savantes et demi-religieuses surtout, qui, voulant tout ramener à leur taille, châtreraient volontiers l'art pour le mieux gouverner. La religion et l'art ne sont pas à leur remorque. L'église catholique n'oubliera jamais qu'avec une égale sérénité elle a toujours béni les travaux consciencieux et libres de ses enfants. Elle n'oubliera jamais que c'est sous l'architrave de la basilique païenne que ses papes et ses conciles ont appris à Constantin et au monde que Dieu était présent partout ; que c'est de son portique que fut repoussé, par un de ses saints évêques, le tout-puissant empereur Théodose ; que c'est sous son plein-cintre roman qu'elle conquit par le baptême son fils aîné Clovis , et qu'elle sacra Charlemagne empereur d'Occident ; que c'est sous les voûtes aiguës des cathédrales gothiques qu'elle consola les peuples du mauvais succès des croisades et des regrets de l'Orient ; que c'est enfin sous un temple de la renaissance qu'elle anathématisa Luther.

CHAPITRE III.

DE L'ART DES MOSAÏSTES.

Il y a beaucoup de choses à dire sur l'art des mosaïstes. Nous nous bornerons ici à quelques considérations. Nous dirons d'abord que l'emploi, l'importance, la prospérité de la mosaïque doivent éminemment servir à caractériser les besoins artistiques de l'Église et les ressources de l'école byzantine pendant les premiers mille ans de notre ère, de même que son abandon, son insignifiance et ses misères actuelles sont dans un parfait rapport avec le génie moderne. En effet, on ne saurait douter que l'esprit dans lequel s'entreprit le mouvement de la renaissance, et la marche dans laquelle il fut conduit, ne dussent un jour entraîner la mosaïque à sa perte comme plusieurs autres branches intéressantes de l'art. Les écoles de la France, de l'Allemagne et des autres pays du Nord, y renoncèrent franchement, et ne lui permirent aucun accès dans l'ensemble, si hospitalier cependant, de leurs procédés et de leurs moyens. Partout les cathédrales gothiques se privèrent de ce grand élément décoratif des basiliques byzantines. Les écoles italiennes, au contraire, l'accueillirent avec une prédilection toute particulière; mais en s'y attachant trop, en lui faisant subir les progrès que sa nature et son essence ne comportaient pas, elles l'amenèrent tout-à-fait en dehors de sa sphère et le perdirent.

Nous dirons ensuite que la mosaïque, étant en soi un métier mixte, et se prêtant admirablement au pêle-mêle artistique dans lequel a fonctionné le moyen-âge, elle a, malgré sa fortune mauvaise et son évanouissement final, rendu d'incontestables services et inculqué de réelles qualités à presque toutes les branches de l'art. En effet, née peut-être, comme on l'a dit, d'un besoin de l'architecture, qui devait vouloir tempérer, par l'emploi de quelques compartiments colorés, la pâle physionomie de ses pavements et de ses aires, la mosaïque finit par pousser l'architecture à une plus riche coloration de toutes ses parties. De plus encore, la mosaïque ayant pris, pendant le moyen-âge, le premier rang comme moyen pittural, et recevant de sa propre essence, de la nature de ses procédés même et du genre des motifs qu'elle était appelée à traiter, certaines qualités de largeur et de simplicité, elle les remit à la peinture, quand celle-ci lui succéda ou commença à exercer concurremment avec elle. Et assurément, si l'on veut y regarder, on ne pourra pas méconnaître la fidélité de notre observation dans tous les pays où la mosaïque a été primitivement en honneur. Ce cachet de sobriété, cet empire de la masse, cette subalternisation des détails, et, ce qui vaut mieux peut-être encore, cette concision du sujet, cette simplicité d'attitudes, tout ce fond enfin si lisible et si net, sur lequel se détache la pensée des maîtres italiens, touchent de plus près qu'on ne le croit aux vieux errements et au spectacle habituel des mosaïques byzantines. Quant à nous, nous sommes tellement convaincus de cette vérité jusqu'ici restée sans constatation, que nous ne craignons pas d'en prendre l'initiative. Il nous semble, en effet, que l'aspect tranché de l'école italienne tout entière nous justifie. Nous puisons nos preuves aussi bien dans les œuvres timides et peu colorées de Cimabuë et du Giotto, que dans les œuvres hardies et brillantes du Véronèse et du Tintoret; et nous entreprendrions même de démêler encore, sous le large pinceau des Carrache, la localité byzantine, héréditaire dans l'école.

De plus, par la force de ses affinités matérielles, la mosaïque adhère à une foule d'applications auxquelles l'artiste doit être initié. Par l'emploi des matières vitrifiées, la mosaïque touche à la peinture sur verre. Ces deux modes, en apparence distincts aujourd'hui, furent même autrefois presque entièrement confondus, comme je le ferai voir dans le chapitre suivant, traitant de la peinture sur verre. La mosaïque, en s'exerçant, non plus sur un fond plat, mais sur des reliefs, se lia étroitement à certaines branches de la sculpture et servit à leur développement, comme le prouvent les admirables tentatives de Jacopo de la Quercia, le grand maître, en terres cuites et colorées, en sculptures peintes et émaillées. La mosaïque, par son intelligence des compartiments, devint la souche des marqueteries en bois et en marbre, dans lesquelles Florence et Vérone se distinguèrent particulièrement, et dans lesquelles, plus tard, les Brunelleschi et les Benedetto da Maiano formèrent sous leur direction savante de si habiles ouvriers. Enfin la mosaïque, par son étude et ses recherches continuelles des mortiers, des ciments, des mastics, des stucs, aida aux progrès dont bientôt Duccio de Sienne ouvrit la voie dans son piquant travail du dôme de Sienne, achevé par son compatriote Beccafumi.

On le comprend, les influences morales, les infiltrations poétiques (si ce mot peut se dire) de la mosaïque byzantine, ont eu, suivant moi au moins, assez de gravité et de persistance; de même que ses ramifications matérielles, ses insinuations techniques, que je n'ai point la prétention d'avoir toutes indiquées et reconnues ici, ont été nombreuses et importantes.

En ce moment, il convient surtout de consigner ici un résumé rapide de l'histoire de la mosaïque, pour n'être plus forcé à y revenir.

L'art de la mosaïque est très ancien ; et nous pouvons dire que nous ne comprenons guère l'erreur dans laquelle sont tombés plusieurs hommes, fort instruits d'ailleurs, qui en attribuent l'invention au règne de l'empereur Claude. Sans vouloir faire passer sous les yeux aucune des nombreuses preuves qu'a rassemblées, dans son grand ouvrage sur les mosaïques, le cardinal Furietti, nous nous bornerons à dire que son second chapitre traite au long de l'origine de la mosaïque et de son existence chez les Perses, les Assyriens, les Egyptiens et les Grecs. Les preuves historiques accumulées par le savant et riche prélat, qui fut lui-même un des plus notables possesseurs de mosaïques, sont tout-à-fait convaincantes. Nous ferons seulement remarquer à ce propos combien la mosaïque dans son origine est un art simple. Rien n'est plus naturel à l'homme que l'esprit et le besoin de symétrie et de compartiments ; on les trouve empreints dans ses premiers travaux. La mosaïque, comme beaucoup d'autres applications ingénieuses, en dérive et doit se perdre dans la nuit des temps. Les peuplades sauvages de l'Amérique avaient leurs mosaïques. On montre, dans le trésor de la Santa-Casa, quatre portraits faits en plumes, assemblées par des filets.

Les Romains, qui possédaient la mosaïque à l'état élémentaire, la reçurent, comme tous les autres procédés, de la main des Grecs, à un état plus avancé. Bientôt leur amour du luxe, leur mépris de la dépense, lui donnèrent chez eux une grande extension et lui firent faire de réels progrès, comme le prouvent suffisamment les monuments retrouvés. Dès les premiers temps où l'existence de la mosaïque peut se constater, à Rome, on la voit recevoir une foule d'applications diverses, et par conséquent une foule de noms. L'accord de tous ces noms, donnés aux travaux du mosaïste, suivant les différences qu'on pouvait distinguer, a été un long thème de querelles et de discussions parmi les amateurs et les savants. Ce sont là des points de pure archéologie, qui importent peu aux artistes et qui nous mèneraient trop loin. C'est pourquoi nous entendons nous taire sur l'épineuse question de savoir ce qu'expriment au juste le *lithostrotum*, le *musivum*, le *mosibum*, le *museum*, le *mosiacum* ou *musiacum*, le *pavimentum vermiculatum* ou *reticulatum* et *l'opus quadratarium*, *albarium*, *tesselatum* et *sectile*. L'usage nous étant propice, nous en agirons sans façon avec toutes ces variétés qui pour nous seront de la mosaïque, en renvoyant à plus tard les définitions plus minutieuses.

Les Romains ne tardèrent pas à dénaturer ce que les Grecs leur avaient transmis. Le goût exquis de ces derniers, leur précieuse entente des distributions et de l'ornement, leur science imitative avancée, avaient dû leur faire réaliser en mosaïque des choses charmantes. Mais assurément le sens droit des Grecs n'avait pas dû appeler la mosaïque à lutter contre la peinture, dans ses plus belles prérogatives. Les Grecs, il est à croire, avaient successivement conduit les compartiments de leurs pavés jusqu'à figurer des ornements, des rinceaux, des enroulements, des festons, des entrelacs ; et, passant de ces formes capricieuses et tenant de l'arabesque jusqu'à des symboles et des attributs plus significatifs, ils avaient pu aborder les griffons, les chimères, les masques tragiques ou comiques, les signes du zodiaque, les ceps de vigne, les oiseaux becquetant les fruits, et tous les motifs si connus de leur ornementation. On peut admettre même que l'idée dut leur venir d'encastrer maintes fois, au centre des dispositions comparties de quelque riche pavement, une scène dans le genre de celles qu'ils ont traitées avec tant de grâce et de simplicité : des nymphes endormies ou abreuvant quelque animal fantastique, des danseurs, des acteurs, des joueurs de flûte ou de castagnettes. C'est ainsi que sont entendues les belles mosaïques antiques ; celle qu'on a trouvée à Orticoli, dans le dernier siècle, et qui est le plus bel ornement de la salle circulaire du musée Pio-Clementino ; celle d'Italica, et la fameuse Prénestine qui pavait, sous Sylla, le fastueux temple de la Fortune, à Préneste.

Mais quand les Romains aimaient une chose, ils la poussaient loin, comme on sait. Déjà César se faisait suivre, dans le cœur de la Gaule, par les rambriers ; et, au milieu de ses expéditions, les compartiments de *l'opus tesselatum* et *sectile* se dressaient à la hâte dans sa tente (1). Plus tard, Héliogabale ne faisait-il pas paver en pierres précieuses sa cour, où il présumait avoir un jour à se casser la tête, quand Rome ou plutôt ses prétoriens seraient décidément las de lui ?

Mais bien avant Héliogabale, les Romains, qui aimaient les mosaïques et qui en voulaient partout, ne se contentaient plus

(1) In expeditionibus tesselata et sectilia circumtulisse. — Suétone ; voir le Commentaire de Casaubon.

d'en orner le parvis de leurs cours et de leurs chambres basses; ils en décoraient les lambris, les voûtes et les plafonds. Il semble même, à entendre Pline, que cette dernière application prévalut sur l'autre, que les mosaïques furent décidément trouvées trop belles (1) pour être foulées aux pieds plus longtemps, et qu'on voulut en jouir en guise de tableaux.

On pense qu'une telle révolution dans la destination de la mosaïque dut en provoquer une autre, si ce n'est dans les procédés, au moins dans le choix de ses matériaux.

Les cailloux, les pierres, les marbres naturels ou coloriés, les pâtes et les terres cuites, les fragments de pots, les coquillages, pour lutter spécialement avec les couleurs que la peinture emploie, n'offraient pas des tons assez chauds et assez montés, surtout dans un temps où les peintres, amorcés par un fol amour de l'éclat et de la richesse, demandaient au minium, au pourpre, à l'azur, à l'or et à l'argent, leurs perfides prestiges et leurs oppositions criardes. La mosaïque emprunta bien autant qu'elle put aux différentes pierres précieuses, aux agates, aux jaspes, aux cornalines, aux sardoines, aux émeraudes, aux turquoises, aux lapis-lazuli. Mais toutes ces gemmes, si variées et si nuancées qu'elles fussent, ne pouvaient fournir la gamme entière des tons, ni leurs énergiques contrastes, ni leurs suaves dégradations. Puis encore, sans parler de la dépense, l'ouvrier avait une peine énorme à les scier, à les refendre, à les dresser et à les doucir. On imagina donc de chercher toutes les ressources de la palette dans les émaux. On sait que par émail on doit entendre ici un verre qui a reçu, au moment de la fusion, sa couleur d'une substance minérale ou métallique quelconque, et dont l'opacité résulte de l'addition même de cette substance qui ne se vitrifie pas à fond. L'émail ne s'éclate pas comme le verre, il se casse net; ce qui fait qu'on le réduit aisément en petits parallélipipèdes de figures sans doute irrégulières, mais on ne peut mieux propres à être retenues par le mastic qu'on emploie pour les

(1) Pulsa deinde ex humo pavimenta in cameras transiere e vitro.

ajuster. Ce n'était pas tout pour la mosaïque de s'être mise à même de puiser dans les casiers de quoi disputer à la peinture la multiplicité des teintes de la palette ; elle voulut encore y trouver des pains dorés ou argentés par quelque procédé ingénieux. Pour arriver à cela, dit-on, les feuilles d'or et d'argent collées entre deux lames de verre étaient soumises au four de verrerie, et finissaient, au bout d'un court espace de temps, par ne plus faire qu'un corps. Une fois donc que le mosaïste se sentit aussi bien muni, il se piqua de pouvoir, avec de la patience et ses mille et une teintes étiquetées dans les casiers, reproduire tous les jeux auxquels se livre le peintre avec sa verve et ses sept ou huit couleurs principales placées en désordre sur la palette. Cet aperçu était faux ; quand bien même le mosaïste eût eu beaucoup plus de nuances à son service, et le peintre quelques couleurs de moins, la partie n'eût point été égale encore. Mais les siècles de décadence où la mosaïque vit ses grands progrès s'accomplir expliquent très bien ses prétentions et ses triomphes. Dans les derniers temps de l'empire, les exigences du luxe rétrécissaient tous les jours le domaine de l'art, et la poursuite d'un faux éclat enfiévrait les artistes. La peinture n'était plus guère qu'un ambitieux échantillonnage, où les tons les plus crus se mariaient aux formes les plus pauvres. La mosaïque, plus dispendieuse, plus reluisante à l'œil, plus douce au toucher, devait immanquablement détrôner sa rivale ; ainsi aucune idée d'un ordre un peu élevé ne motiva cette triste révolution. L'indestructibilité des mosaïques, dont on fait à tort peut-être tant de bruit aujourd'hui, est une considération probablement toute moderne, dont les Romains ne nous paraissent point avoir été occupés. Beaucoup de textes déposent de leur engouement pour l'éclat de la mosaïque ; aucun, à notre connaissance, ne parle de sa durée. D'ailleurs la mosaïque antique, dans les œuvres subsistantes, ne nous paraît point avoir jamais songé à nous léguer le moindre souvenir. Nous n'avons d'elle aucun portrait d'homme fameux, aucun linéament-type, aucune reproduction d'ouvrages célèbres. Aussi la mosaïque, privée de toute moralité, retenue

8

par la nature même de son travail, soumise au remaniement le plus ingrat, contrainte à ne pas aborder immédiatement son idée, obligée de se traîner dans les lenteurs préalables du calque et les ennuis permanents de la découpure, oublia bientôt tout ce que la peinture avait pu lui apprendre et devint un pur métier. Les ouvriers mosaïstes, en effet, se dispensèrent bientôt de dessiner eux-mêmes les motifs qu'ils se proposaient d'exécuter avec leurs émaux; ils se repassaient, comme un fonds industriel, les cartons et les poncis dont ils avaient besoin. Or, quand on pense que, malgré la déplorable dégénérescence de ses seules parties vraiment artistiques, la mosaïque n'avait pas moins dépossédé la peinture de ses plus belles et de ses plus capitales entreprises, on comprend combien la décadence de tous les arts du dessin dut être plus prompte. Nous n'en exceptons pas même l'architecture, qui, au premier aperçu, pourrait paraître désintéressée dans la question. Nous avons dit à quel point nos arts étaient solidaires entre eux et quel genre d'action ils exerçaient les uns sur les autres. Ainsi la mosaïque étant venue à remplacer la peinture, hérita de son influence, et l'on peut, selon nous, en reconnaître et en suivre les effets d'une manière frappante dans les œuvres architecturales des derniers temps de l'empire et du moyen-âge : l'oubli des proportions, la dépréciation des contours, dont les négligences de la mosaïque donnèrent, suivant toutes les probabilités, le premier signal, se reproduisirent exactement dans le désordre et l'abâtardissement de tous les membres et de tous les profils de l'architecture. Mais une chose bien plus incontestable que celle-ci et qui cependant jusqu'à présent n'a été remarquée par personne, c'est que la mosaïque, avec sa coloration obtenue par pièces de rapport, avec ses encadrements et ses compartiments incrustés, imprima à l'architecture le cachet de bigarrure qui la distingue dans ces temps. C'est en effet aux errements de la mosaïque que se doivent surtout attribuer cette manie d'incrustations réelles ou feintes et tout ce cliquetis fatigant de marbres de toutes couleurs et d'enlumination de toutes sortes qui prennent à la tête et ne laissent à l'œil aucun repos.

C'est à eux qu'on doit même attribuer ces élévations formées d'assises de pierres alternativement blanches et noires, et dont quelques dômes italiens nous ont conservé les baroques exemples : marqueterie puérile autant que choquante, fausse variété qui arrive vite à la monotonie et à l'insignifiance des cases du damier, et qui eût tout envahi au moyen-âge, sans le génie mâle et le talent sévère des Lapo, des Brunelleschi et des Bramante, qui en finirent résolument avec ces pauvretés des maisons chinoises, indiennes et turques. Ce qui ne veut pas dire que nous nous flattions le moins du monde d'avoir en quelques mots vidé la question pleine d'actualité de la coloration architecturale. Nous avons seulement entendu expliquer, par la mosaïque, un de ses plus évidents écarts dans le passé. La polychromie peut être une grande ressource de plus aux mains des habiles maîtres; mais avec elle les maladroits gâcheurs de toutes choses pourraient précipiter l'architecture dans les plus ridicules excès.

Mais après avoir indiqué tour-à-tour les bonnes et les mauvaises influences de la mosaïque sur l'art en général, continuons de constater les grandes phases de son histoire. Le moyen-âge la reçut donc dans le pêle-mêle de l'art païen, et soit que l'engouement des peuples pour elle fût toujours particulièrement vivant, soit que l'idée chrétienne ait éprouvé pour elle quelque sympathie, la fortune de la mosaïque sembla encore s'assurer davantage. Acceptée par l'Église comme un art principal, la mosaïque prit un développement énorme et revêtit réellement pour la première fois un grand caractère. Aussi n'avons-nous pas hésité à dire en commençant que le génie artistique de l'Église nous paraissait surtout s'être manifesté dans les mosaïques du moyen-âge; aussi n'oserions-nous pas prendre sur nous d'affirmer que l'Église n'ait pas associé intimement la mosaïque à toutes les idées qu'elle entendait faire régner dans le monde. L'éclat et la durée des matériaux, la multitude des parties, l'indissolubilité du lien, la patience même de l'ouvrier, purent paraître à la subtile intelligence un piquant rapprochement avec la splendeur de ses principes éternels, avec l'ampleur de sa rigoureuse unité et avec l'autorité de ses commandements.

Quoique l'Église ne s'en soit pas expliquée, que nous sachions, on peut croire cependant, comme Ghirlandaio l'a cru après avoir vu les mosaïques de Rome (1), que les ouvriers byzantins ont travaillé pour elle en présence de l'éternité. Comparez les inspirations austères de ces pieux artistes avec ce qui nous reste des débauches romaines, c'est là que vous trouverez l'école byzantine vraiment grande, vraiment inspirée. Rien, malgré tant de travail et de peine, malgré tant d'essais et de sacrifices, malgré tant de succès et de progrès donnés ou obtenus depuis les premiers temps de l'art moderne par toutes les écoles à la fois, ne dépassait peut-être, dans ce qui constitue leur beauté, ces œuvres primitives. Nulle part l'idée fondamentale ne se fait voir avec plus de grandeur et en même temps avec plus de simplicité; nulle part l'attitude et la physionomie ne saisissent autant l'œil et ne pénètrent autant dans la mémoire. L'ouvrier byzantin, méprisant tout ce qui l'entoure et dans le monde de l'art et dans le monde de la nature, fort de son ignorance volontaire, comme nous l'avons dit, semble trouver un incroyable appui, puiser une inexprimable autorité dans la rudesse même d'une exécution qui abstrait tous les détails et viole toutes les formes. De lourdes et poignantes pensées sur l'homme, sur les vanités de sa vie, sur les obscurités de sa destinée vous assaillent et vous délabrent devant ces représentations byzantines, si étranges, se détachant sur un fond sobre et nu, qui n'est ni le ciel ni la terre, ni rien de connu, vide inquiétant où l'homme est tout et où il ne semble conserver de sa forme que ce qu'il en faut bien juste pour se faire reconnaître. Quelle sombre et implacable poésie bâtissait donc, par les mains des manœuvres byzantins, ces muettes apparitions qu'à travers les longues colonnades des basiliques les peuples en prières voyaient resplendir au fond des absides ? Quelle métaphysique, étrange

(1) Usava dire Domenico... la vera pittura per l'eternità essere il musaico. (Vasari, *Vita di Ghirlandaio*.)

autant que certaine cependant, avait appris qu'à défaut du savoir et de la beauté, l'ignorance et la laideur mettraient ces œuvres au-dessus des formes vulgaires et des expressions communes? Pourquoi ces longues figures, ces membres grêles, ces attitudes muettes, ces yeux fixes, ces mains desséchées, ces pieds qui ne portent sur rien? Les Byzantins le savaient-ils? S'étaient-ils dit qu'il convenait de figurer ainsi l'ascétisme qui nie et dévore le corps, et le dessin de ces pauvres ouvriers était-il une véritable exégèse biblique? Il faut le croire; car, au milieu de ces barbares linéaments, il y a trop d'intentions sur lesquelles il n'est pas permis de se méprendre.

Cependant il ne faudrait pas s'y tromper : sous ces vieux monuments de la mosaïque byzantine perce déjà le caractère que revêtira plus tard la peinture moderne. L'impression qui en résulte est trop profonde pour que l'avilissement de la forme n'y annonce pas le futur règne de l'expression, et que l'immobilité du mouvement n'y promette pas à l'avenir la profondeur de la pensée. Aussi, ce fut un beau temps pour la mosaïque que l'époque où travaillèrent le grand Turrita, ses habiles élèves et ses nombreux continuateurs, dans le treizième et le quatorzième siècle, lorsque Cimabuë, les Gaddi, Giotto et Pietro Cavallini, imprimant suivant leur force et leur génie, sur le fond byzantin, les premiers et naïfs pressentiments de l'art moderne, vinrent ajouter une grace et une noblesse indicibles à ces expressives et sauvages représentations. Mais bientôt, par ces hommes même, la peinture ressuscitée, et voguant à pleines voiles vers des progrès toujours plus rapides et toujours plus grands, se vengea sur sa lente rivale de la sujétion où elle avait été tenue si longtemps. La mosaïque perdit le sentiment de cette individualité et de cette puissance que lui avait si largement octroyées le moyen-âge, et désormais esclave résignée, satellite languissante, elle se traîna à la remorque de la peinture; singer la peinture, s'exténuer pour approcher de ses résultats faciles, tel fut le lot de la mosaïque. La renaissance moderne ne lui fut donc pas moins dure que la décadence antique. Il faut dire, au reste, que le procédé de ces deux époques si différentes fut cependant le même à l'égard de la mosaïque. Toutes deux la tirèrent violemment de sa sphère; l'antiquité grecque et le moyen-âge ont consacré à la mosaïque une destination indépendante et des formes particulières. La décadence romaine, la renaissance italienne, par un zèle mal compris, augmentèrent ses obligations matérielles sans pouvoir élargir ses facultés morales : c'était la tuer. Comme dans ses derniers déréglements, au temps des empereurs, la mosaïque vint donc exhaler son dernier soupir au milieu de ses prétendus progrès. On ne comprit pas alors que ce dispendieux, pénible et monumental procédé ne pouvait absolument convenir dans l'ensemble de la technique moderne, qu'à exprimer succinctement et à grands traits, comme l'avaient fait les Byzantins, et comme avait entendu le faire l'école du Turrita et du Giotto, les principales données de la poétique chrétienne. N'étaient-ce pas en effet les imposantes allures, les grands galbes, les draperies simples, les masques austères et tranquilles du Christ, des apôtres et des saints que la mosaïque surtout devait tendre à fixer en les épurant, puisqu'elle avait eu la gloire d'y être employée pendant tant de siècles. Loin de là, nous la verrons, rougissant plus que la peinture peut-être, de ce qu'elle devait à l'école byzantine, s'efforcer de plus en plus de rompre tous les liens de ses traditions pour courir après les prodiges de la patience et les miracles de la copie. Nous rencontrerons plus tard dans les ateliers de Venise les ardents promoteurs de cette définitive révolution de la mosaïque. Après les remarquables essais de Marco Rizzo et de Vicenzio Bianchini, l'auteur de ce fameux jugement de Salomon qui se voit sous le péristyle de Saint-Marc, le Vazari nous parlera des deux grands maîtres de la mosaïque, qui payèrent si chèrement leur supériorité, des malheureux frères Francesco et Valerio Zuccati, ces étonnants ouvriers qui, pour l'honneur de l'art, trouvèrent moyen de travailler avec tant d'audace et de verve dans un métier aussi ingrat; qui, laissant de côté les calques, les patrons, les découpures, opéraient résolument, sans préparatif aucun, sous l'œil étonné du Titien et du Tintoret. Mais ceux-là qui dépassaient ainsi toutes les limites de leur métier par l'adresse et le génie, essayèrent, dit-on, de monter encore plus haut par la supercherie. Pour atteindre au prestige des toiles vénitiennes, ils empruntaient, en le déguisant, le secours de la palette et du pinceau. Que ce soit vrai ou non, l'envie l'a dit et l'a fait prouver par la torture. Le vieux Bianchini, le jeune Bozza, l'habile prédécesseur, l'habile continuateur de Francesco et de Valerio, déclarèrent avec une égale fureur les œuvres des deux frères impossibles à réaliser sans le mensonge et la fraude, qui seuls pouvaient les expliquer. Le Titien et le Tintoret, malgré leur mésintelligence, se rapprochèrent pour les défendre avec une égale sympathie. La mosaïque avait raison de condamner ces hommes qui n'étaient point de serviles ouvriers; la peinture avait raison de les absoudre parce qu'ils étaient de grands artistes. Après les prospérités de la mosaïque dans l'école vénitienne, il ne nous reste plus qu'à inscrire ses derniers triomphes et son agonie à Rome. « La mosaïque alors, dit Lanzi, atteignit son » plus haut point de perfection. Elle devint l'imitation de la » peinture, non plus par le moyen de petites pierres de plusieurs » couleurs, choisies et rapprochées entre elles, mais par l'emploi » d'une composition qui peut soutenir toutes les couleurs, rivaliser toutes les demi-teintes, présenter toutes les gradations, » toutes les transitions, presque aussi bien que le ferait le pin- » ceau. (1) » Baglione appelle cette opération *la manière de travailler les mosaïques à l'huile*, et donne pour le dernier mot de l'art le travail de la chapelle grégorienne, exécuté par Muziani,

Voir principalement, pour l'histoire de la mosaïque, Furietti, *De musivis*, Rom. 1752, in-4°; Joannis Ciampini, *Vetera monumenta in quibus præcipue musiva opera, sacrarum profanarumque ædium structura, dissertationibus iconibusque observantur* : Romæ, una pars, 1690; altera pars, 1699; *Recueil d'antiquités* de Caylus, et l'ouvrage de Spon. — Sur la fabrication et l'emploi des émaux, voir les ouvrages de Hanckel, traduits par le baron d'Holbach; la *Verrerie* du Florentin Neri, avec les notes de Meret; les mémoires et les traités d'Antic et de Montami. — Sur le procès des Zuccati, voir Zanetti.

(1) Lanzi, t. II, p. 334 (Traduction de Mme Armand Dieudé).

son inventeur. Il se trompe cependant. Muziani devait encore être dépassé. Les Cristofori s'enorgueillirent de pouvoir exécuter en cubes de verre quinze mille variétés de teintes, chacune divisée en cinquante degrés, depuis le clair le plus vif jusqu'au brun le plus foncé. Le Provenzale fit entrer dans le masque seul de son portrait de Paul V un million sept cent mille pièces de rapport dont chacune était moins grosse qu'un grain de millet.

Terminons là, et remettons à plus tard la grande question des services que la mosaïque peut rendre, en éternisant les chefs-d'œuvre des grands maîtres : question que nous retrouverons à propos de la fresque et de l'encaustique. Rappelons seulement ici que Saint-Pierre de Rome nous étale les machines du chevalier d'Arpino, de Ciroferri, de Subleyras, de Caraselli, de Romanelli, de Pietro de Cortone, et de tous les maniérés des bas siècles de l'art, traduites par l'impérissable mosaïque : triste communication à faire à l'éternité !

CHAPITRE IV.

DE L'ART DES PEINTRES SUR VERRE.

Les arts du dessin, et la peinture surtout, ont de si nombreuses dérivations et viennent aboutir à des pratiques et à des usages si particuliers, qu'il serait embarrassant de les décrire et de les nombrer.

Ce n'est pas là la moindre apologie qu'on puisse faire de notre art pour marquer son importance dans l'économie de la civilisation. En effet, la peinture préside ou assiste à une foule de manipulations qu'on croirait, au premier aperçu, devoir lui rester étrangères. Les produits de la fabrication, même la plus subalterne ou la plus arbitraire dans sa fin et ses moyens, sont encore soumis à l'entente de la forme et de l'harmonie. Comme on le voit, le développement de l'artiste aide au développement de l'ouvrier, les arts de l'œil perfectionnent ceux de la main, et le génie élève l'industrie à sa hauteur : étonnante correspondance bien digne de remarque entre tous les résultats et tous les degrés du travail et de l'invention, et qui mériterait d'être mieux étudiée que nous ne le pouvons faire ici.

Cependant cette multitude d'agents et de procédés divers, par lesquels la peinture se transforme, ne sauraient constituer des arts à part, quand le but et les principes de l'art primordial y sont entièrement conservés. Ainsi, par exemple, la gravure, dont les genres sont si nombreux et les pratiques si multipliées, la peinture en camaïeu, à fresque, en détrempe, à sgrafitto, en mosaïque, en émail, sur verre et tant d'autres sont des modes d'agir différents d'un seul et même art; ces rameaux d'une même tige sont tellement attachés entre eux, qu'on ne pourrait facilement leur trouver une existence propre, ni fixer à chacun sa filiation précise. Ce serait peut-être un problème insoluble que de chercher à savoir laquelle, de la peinture sur verre ou de la peinture en émail, a donné naissance à l'autre. Il y a, pour ces deux genres de peinture, parité presque complète dans les matières premières et le mode d'emploi; bien plus, la peinture sur verre, dont nous traitons spécialement dans cette note, touche par plusieurs de ses pratiques essentielles à d'autres branches de la peinture, auxquelles elle a dû nécessairement les emprunter, si toutefois elle ne leur a pas prêté elle-même. C'est ce que nous ferons remarquer dans l'exposé succinct qui va suivre.

L'invention du verre remonte aux temps les plus anciens.

On connaît à cet égard la fable imaginée, dit-on, par l'historien Josèphe, et répétée depuis lui jusqu'à nos jours, en passant par Pline et Bernard de Palissy.

Les Phéniciens, les Égyptiens, les Grecs et les Romains employèrent le verre à de nombreux usages; leurs histoires en font foi, les musées et les collections particulières des antiquaires en fournissent les preuves irrécusables.

Presque tous ces curieux vestiges de la verrerie antique sont en verre colorié par des oxides minéraux. Il est hors de doute, par la beauté, la variété et l'éclat des plaques de verre, des porcelaines et des émaux égyptiens et romains, que l'antiquité connut à fond tous les procédés de cette coloration; on peut lire, sur ce point, les savantes dissertations de Caylus.

La mosaïque et les différentes manières de peindre et d'orner par voie d'incrustation tirèrent un grand parti de cette connaissance; on pourrait dire, en restant exact, que les ressources de leur palette s'en accrurent. En effet, les différentes variétés du marbre et des autres pierres auraient difficilement mis à la disposition des mosaïstes la même abondance et le même éclat pour leurs teintes.

Mais colorer le verre ou peindre dessus ne sont pas une même chose, et cette apparente conformité de termes a produit beaucoup d'erreurs et de divagations.

Ainsi on a appelé peinture sur verre de véritables travaux de mosaïque; car on le comprend, des plaques de verre, teintes, chacune uniformément dans sa masse, et n'arrivant à exprimer des motifs que par agrégation, constituent, quelles que soient leur grandeur et la manière dont on les expose à l'œil, de réelles mosaïques.

Il est remarquable que les premiers ouvriers qui introduisirent ces mosaïques transparentes se servirent dans leurs essais du même lien, du même mortier qu'ils employaient dans leurs autres ouvrages; ils le disposaient en bandes et sous forme de châssis: c'est plus tard qu'on imagina les tringles et les meneaux de fer ou de plomb.

Ces premiers essais durent, quoi qu'on en dise, correspondre au moment où l'on remplaça par les vitres blanches ou colorées les pierres spéculaires, les feuilles d'albâtre ou de parchemin employées par les anciens à leurs fenêtres; car il semble que ces mosaïques ne durent avoir d'intérêt que par leur position perpendiculaire et leur interposition entre la lumière et l'œil, qui pouvaient seules leur donner la transparence.

Or, on se décida fort tard à faire usage des vitres en verre.

C'est à tort que le savant Winckelmann a prétendu que sous les empereurs romains les maisons étaient déjà vitrées; il a été induit dans cette erreur par une étourderie du traducteur des œuvres de Philon, et par un dessin apocryphe qu'il aura pris pour un dessin antique.

Les anciens n'avaient point de cheminées dans leurs maisons, et cette privation à elle seule leur imposait un système de fenêtres tout différent du nôtre.

De plus, on sait que les temples antiques n'avaient d'autres ouvertures que la porte.

Il était réservé aux architectes chrétiens d'entreprendre pour la première fois d'éclairer le sanctuaire.

Cette amélioration de détail, bien importante si l'on veut lui donner une signification morale, s'ajustait pleinement d'ailleurs à l'ensemble des nouveautés artistiques que la pensée chrétienne impliquait, et qu'elle allait sans relâche s'efforcer de manifester.

Cette poétique nouvelle, à peine éclose sous les persécutions de Dioclétien, s'était essayée déjà par des mains ignorantes et dans des travaux grossiers, au milieu des catacombes et des sépulcres romains. Cet art nouveau, sorti d'un monde croulant, jeté comme un enfant faible et nu au milieu des ruines, se débattant contre une longue anarchie, disputant toutes ses traditions, tous ses éléments, tous ses produits à la guerre, à l'incendie, au saccage, marcha cependant avec une espérance égale à sa résignation, depuis Constantin jusqu'à Grégoire VII. Sa naïve confiance, on pourrait dire sa folle présomption, était sans bornes. La conviction de ses progrès futurs éclate dès ses premiers pas. On dirait, à voir l'art chrétien amalgamer et pétrir dans son insouciante intrépidité toutes les données et toutes les formes antérieures, toutes les conceptions scientifiques et architectoniques du passé, qu'il remercie la barbarie d'avoir tout brisé pour le jeter dans son creuset.

D'où pouvait lui venir cette confiance, et qui lui avait fait ces immenses promesses? Ce n'est point à nous à le rechercher et à répondre ici. Mais le fait est que, pour garantir les progrès de l'art chrétien et pour assurer sa marche, on voit dès son enfance se former les institutions les plus fortes. Le prêtre sanctifie le travail et les voyages, et la paix des abbayes abrite et féconde tous ces génies naïfs et profonds sortis du sein populaire.

Alors surgit une vaste association, qui couvrit l'Europe et qu'on retrouve partout, laborieuse confrérie dont le signe était le marteau, ce vieux emblème du Nord : les francs-maçons se constituèrent.

L'Église naissante leur applaudit comme à ses plus pieux et à ses plus dignes enfants, elle consacra leurs rites et leurs symboles, et voulut souvent recruter dans leurs rangs obscurs ses saints et ses évêques.

Cette association embrassait dans sa large étreinte tous ceux qui concouraient à l'érection, à l'achèvement, à l'ornement du temple; unique et bienfaisante patrie dans ces temps mauvais, elle protégeait ainsi à elle seule presque toutes les branches du travail, depuis le savant qui, à l'ombre du cloître, présidait au plan et le mettait en harmonie avec les nombres symboliques et la mathématique sacrée, jusqu'au maçon qui élevait les tours mystiques de Sainte-Barbe, jusqu'au vitrier qui plaçait aux fenêtres la rose mystique de sainte Catherine, jusqu'à l'orfèvre qui façonnait les vases sacrés, jusqu'au brodeur qui ornait les vêtements du prêtre. Cette troupe échappée ainsi à la glèbe, ces maçons que le travail et le pélerinage affranchissaient, s'étaient en récompense promis de renouveler par le monde les splendeurs du temple de Salomon. Ils avaient déjà les regards tournés vers l'Orient, dont l'art septentrional pressentait les merveilles bien avant le mouvement des croisades, qu'un homme du peuple, qu'un homme du Nord devait soulever le premier. La peinture sur verre parut surtout au peuple la plus prodigieuse de toutes les inventions. La foule qui se rendait aux églises pour les prières matinales fut ravie jusqu'à l'enthousiasme de voir le pâle soleil de sa froide contrée lui envoyer à son lever la gerbe étincelante de tous ces reflets d'or, d'azur, de pourpre et de feu. Il faut lire à ce sujet les vieux légendaires et les récits passionnés des poètes. C'était un véritable enivrement; impression première dont nous pouvons difficilement nous rendre compte aujourd'hui que l'art a tant fait pour nous, mais qu'on ne peut pas non plus révoquer en doute. Venantius Fortunatus, le saint évêque de Poitiers, inaugure dans ses poèmes les vitraux de la basilique de Childebert, et préconise tous les évêques qui s'efforcent d'orner ainsi leurs églises. Probablement, les plus signalés exemples en avaient été fournis par saint Waast, saint Léonard, saint Yrieix, et le pieux cortège de saint Éloi, ce vieil ouvrier du Limousin, le pays des émaux, depuis lui jusqu'à Nouaillier et Léonard, le grand émailleur de François Ier. Ce qu'il y a de bien certain, c'est que saint Willibrod, qui bâtit la cathédrale d'Utrecht, saint Willehade, qui bâtit celle de Brême, saint Oïnfride et presque tous les autres compagnons de Boniface dans l'apostolat du Nord peignaient de leurs mains les vitraux des églises dont ils remplirent la Frise, la Thuringe, la Bavière et la Saxe converties. Ils avaient appris les secrets et tous les procédés de cet art en Angleterre, leur patrie, où des maçons français, appelés par l'abbé de Virmouth, l'avaient importé en 675. Les Italiens semblent n'avoir reçu cette communication ou du moins n'en avoir tiré partie que vers la fin du huitième siècle. En effet, le pape Léon III paraît avoir été le premier qui y ait songé pour l'église de Saint-Jean-de-Latran. Ainsi donc, la coloration du verre, ce secret de toute antiquité qui avait bien pu aboutir, si l'on veut, à quelques essais de mosaïques transparentes, mais qui était resté sans application directe sous les derniers temps du paganisme et de l'empire romain, avait été appelée par le génie chrétien à une grande importance; et, chose remarquable! c'est loin de l'Italie et de la Grèce, loin du berceau probable de cette invention qu'on en voit le plus grand développement se manifester. De plus, il était réservé aux peuples septentrionaux, aux Allemands, aux Anglais, aux Français surtout, d'amener enfin cet art en germe à sa virtualité définitive. A la coloration simple et au motif de pur ornement par voie d'assemblage on vit succéder, dès le onzième siècle, les premiers et réels symptômes de peinture. On traça sur les verres teints encore uniformément dans toute leur étendue, comme nous l'avons déjà dit, les premiers linéaments destinés à expliquer des figures et des sujets. Quand on avait obtenu, avec le pinceau trempé dans quelques dissolutions minérales, les contours désirés et qu'on les avait rehaussés par quelques hachures, on soumettait la feuille de verre à une nouvelle cuisson, à la façon des émaux; puis on encadrait d'ordinaire ces sortes de tableaux dans des bordures bariolées par des pièces de rapport; en sorte que la mosaïque primitive soutenait encore de son capricieux éclat l'aspect nécessairement grossier de la peinture. Quelque temps après cette transition et ces essais, le riche abbé Suger, régent du royaume pendant la seconde croisade, fit exécuter les magnifiques verrières de Saint-Denis, dont quelques précieux fragments ont été sauvés par Alexandre Lenoir, l'estimable fondateur du Musée des Petits-Augustins. Après Suger, sous Philippe-Auguste, Maurice de Sully, ayant rebâti Notre-Dame, fit peindre sur les vitraux les portraits gigantesques des évêques du diocèse de Paris. Puis on arrive au règne de saint Louis, le beau temps de l'architecture ogivale et de la peinture sur verre. C'est alors qu'on vit, au retour des dernières croisades, l'art gothique, ayant atteint toute sa plénitude, marquer à la fois par tant de chefs-d'œuvre sa force et sa virginité : moment précieux et rapide de cette intelligence et de cette naïveté que les arts acquièrent par une éducation si longue et qu'ils perdent si vite ! Beauté pure, inimitable style, où l'abondance des détails ne déborde pas encore l'unité de la masse; où l'exécution est si puissante et si patiente, si facile et si inspirée; où la richesse enfin est sans prétention, et la force sans bizarrerie ! C'est le temps et le style de la Sainte-Chapelle, des derniers travaux des cathédrales de Strasbourg, de Chartres, d'Amiens, de Notre-Dame de Rouen et de Notre-Dame de Paris; c'est le temps où toutes ces magnifiques églises, toutes ces somptueuses abbayes du Nord, depuis Saint-Germain-des-Prés jusqu'à Westminster, depuis la cathédrale d'Auch jusqu'à celles de Drontheim et d'Upsal, rayonnèrent ensemble de leurs admirables vitraux. La peinture sur verre et en émail, la sculpture et l'orfévrerie s'étaient faites assez habiles pour s'harmoniser dignement avec la science architecturale, qui venait de s'élargir et de s'inspirer aux magiques aspects des édifications orientales. On n'a qu'à voir, pour s'en convaincre, les vitraux, les reliquaires, les châsses, les crosses et les mitres épiscopales, les statues, les chapiteaux, les bas-reliefs et toutes les productions ornementales de cette époque. Mais alors, on ne comprendra guère comment on a pu attribuer à Cimabuë et aux autres premiers restaurateurs de la peinture en Italie, à Gaddo Gaddi, à Margaritone, tantôt l'invention, tantôt les plus remarquables progrès de la peinture sur verre. Nous n'avons pas scruté s'il est bien certain que Cimabuë, notamment, s'en soit occupé; seulement, nous savons qu'on l'a dit. Quoi qu'il en soit, nous admettrions difficilement que, du point où il porta son art en général, il ait pu se rendre bien utile à la spécialité qui nous occupe. Nos peintres verriers, qui l'avaient précédé ou qui vivaient de son temps, nous paraîtraient, au contraire, avoir dû nécessairement se montrer supérieurs à lui dans leur genre. Mais on aura sans doute attribué à cet homme, dont le nom est devenu historique, beaucoup de travaux et de résultats qui appartiennent à ses prédécesseurs, ou aux autres artistes italiens qui sont venus après lui; comme, par exemple, Andrea Taffi, né ainsi que lui à Florence, ou le Fiesole, qui fut canonisé, et que les peintres verriers prirent pour un des saints patrons de leur confrérie. D'ailleurs, si, à toute force, on veut affirmer qu'il y a eu progrès opéré à l'égard de la peinture sur verre, par les peintres de la primitive école d'Italie, il faut s'entendre : les verriers à cette époque étaient nos seuls peintres, et leur genre était, on peut le croire, le seul qui répondît aux besoins de l'architecture gothique; mais c'était à condition de rester franchement dans la donnée mystique qui avait rendu leur art si populaire, leur art qui était né directement du symbolisme chrétien. Du moment qu'ils s'imaginèrent lui faire faire un pas en avant en sacrifiant l'effet, l'éclat et la physionomie toute particulière de leurs œuvres, pour y introduire la régularité, la science et la pureté italiennes, ils le tuèrent réellement. La peinture sur verre n'avait rien à gagner à vouloir lutter ainsi avec les chefs-d'œuvre de la toile ou de la fresque; ce n'était pas là son affaire : elle y perdait la saillie, la richesse et tout le prestige qui la recommandaient ; et, malgré toute son habileté, elle ne pouvait compenser cela. L'épuration des contours, le ménagement du clair obscur, la vérité du ton, ne valaient pas pour elle la sauvage crudité du trait et la couleur éclatante, criarde , si l'on veut, des anciennes verrières. Cimabuë avait reçu la peinture des mains des mosaïstes grecs; la mission de son école et de sa descendance artistique était de la pousser à la réhabilitation de toutes les formes grecques. Les verriers étaient exclusivement héritiers de l'art gothique, et l'on peut regretter qu'ils se soient moins énergiquement défendus dans leur patrimoine. Mais le malheur est qu'ils voulurent individualiser leur œuvre et qu'ils s'éprirent à la gloire inintelligente qui s'attache aux travaux de difficultés vaincues. Ils en vinrent bientôt, comme Guglielmo da Marcilla, à entreprendre de traduire sur des vitres blanches, comme sur une toile, les chefs-d'œuvre de Raphaël et de Michel-Ange. A quoi bon? N'auraient-ils pas dû sentir que c'était trop intrépidement passer d'un art de pure décoration à un art d'expression? Leur pratique n'offrait ni assez de diligence, ni assez de ressources et de sûreté pour en dénaturer ainsi le but. Comment l'enthousiasme inouï avec lequel on avait accueilli la découverte de la peinture à l'huile ne les avait-il pas éclairés, eux à qui leur moyen n'offrait même pas, à beaucoup près, toutes les ressources des différents encaustiques pour arriver à exprimer et à imiter la nature? Mais, dans ces siècles de rénovation, beaucoup de choses se dénaturaient ainsi, les unes pour progresser, les autres pour s'éteindre. C'est ce qui advint à la peinture sur verre. Malgré les magnifiques ouvrages de Jean de Bruges, de Maestro Claudio, du prieur Guglielmo, d'Albert Durer, de Jean Cousin, des Pinaigrier, d'Engrand Leprince et de tant d'autres encore, la peinture sur verre ne put pas résister à toutes les causes de ruine qui se réunissaient contre elle. Elle perdit donc tout-à-fait son importance, et quelques productions partielles, d'un mérite vraiment éminent, ne purent la conserver. Les peintres verriers, si occupés en France, si riches de tant de priviléges qui leur avaient été conférés par nos rois, virent leur art, de jour en jour devenu plus exigeant, et d'un exercice de jour en jour plus difficile, payé enfin par un complet dédain et une poignante misère. Déjà Bernard de Palissy, cet ouvrier héroïque et si éprouvé, avait vu, les larmes aux yeux, les vitraux repoussés de l'église parce qu'ils obstruaient ou plutôt faussaient, par leurs reflets, le jour qu'il fallait désormais mieux ménager pour éclairer les tableaux à l'huile ou à fresque, nouvellement impatronisés dans l'intérieur. Ainsi la peinture sur verre, née dans les cathédrales, exercée dans les premiers temps par tant de saints et tant d'évêques, confiée pendant toute la durée du moyen-âge aux soins des confréries dévotes, recommandée par le clergé à la libéralité des rois et des barons, fut décidément chassée du temple. Quelques prêtres encore, dans leur zèle pour les anciennes coutumes, faisaient réparer quelquefois les vitraux de leur église quand ils tombaient en ruines; quelques uns parfois en commandaient de nouveaux, et de plus beaux, suivant eux, en ce qu'ils étaient moins éclatants, moins vifs en couleur, et plus ressemblants à la peinture à l'huile, par leurs contours et leur modelé; mais le plus grand nombre, sacrifiant à la mode, les supprimaient et les remplaçaient par des vitres blanches. Ceci tend à démontrer qu'on a beaucoup exagéré la quantité des vitraux détruits par nos dernières guerres civiles et par la révolution de 1789. Voyez en Italie, au commencement du seizième siècle : le Bramante, qui se rappelait les verrières de la cathédrale de Milan, conseille au pape Jules II d'orner ainsi ses édifices; et pas un peintre ne se trouve à Florence ou à Rome qu'on en puisse charger : il leur faut faire venir à grands frais de France Maestro Claudio et Guglielmo. Ce dernier, largement récompensé, se fixe à Arezzo et y meurt à un âge assez avancé, sans y avoir, à proprement parler, fondé une école et ravivé son art; car Battista Borro et Giorgio Vasari, ses meilleurs élèves, eurent peu d'occasions pour le pratiquer. Voyez plus tard, en France, Bernard de Palissy, un de nos plus habiles verriers, qui peignit sur les vitres d'Ecouen les Amours de Psyché, s'écrier douloureusement, dans son vieux et expressif langage : « Je te » prie, cher lecteur, considère un peu les verres, lesquels, pour » auoir esté trop communs entre les hommes, sont deuenuz à » un si uil prix, que la pluspart de ceulx qui les font, uiuent » plus méchaniquement que ne le font les crocheteurs de Paris. » Ils sont uenduz et criez par les uillages par ceulx-mêmes qui » crient les vieils drapeaux et ferrailles, tellement que ceulx » qui les font et ceulx qui les vendent trauaillent beaucoup à » vivre. » Et plus tard encore, Pierre Levieil, qui fut notre dernier peintre sur verre, écrit dans son précieux livre : « Tel est le

» sort actuel de la peinture sur verre, qu'on aura peine à croire, » que dans la capitale du royaume, au moment où j'écris, il ne » se trouve qu'un artiste de ce talent (c'était lui) dans lequel il » élève un fils de dix-neuf à vingt ans, et que ce seul artiste soit » assez peu occupé à quelques armoiries, que son art ne pourrait » suffire à ses besoins, s'il n'y joignait un commerce de vitre- » rie. » Ajoutez que ce malheureux Leveil, qui se plaint de la désuétude où tombe l'art de ses pères, était chargé, pendant qu'il composait le beau livre qu'il nous a laissé, d'arracher, par ordre de l'archevêque de Paris, dont il était le vitrier, les vieux et magnifiques vitraux de Notre-Dame, et de les remplacer par des vitres blanches. Ceci se passait vers l'an 1760. Ainsi, comme on le voit, on peut poser en fait qu'à cette époque cette peinture était totalement abandonnée en France. La Révolution ne fit donc, quand elle en brisa les derniers vestiges, qu'achever l'œuvre de l'ancien régime.

Depuis quelques années un grand nombre d'idées ont été réformées. On s'est aperçu assez vite qu'on avait apporté trop d'ignorance et de colère dans la critique ou la destruction des œuvres de nos pères. On s'est retourné avec curiosité vers le moyen-âge; on a exploré ses vieux monuments et ses vieilles légendes pour voir s'il était bien vrai qu'on ne pût y trouver que puériles illusions et barbarie grossière; et l'on s'est aperçu, avec étonnement et indignation, que la critique avait outrepassé son droit, qu'elle avait erré et menti souvent. On a compris que l'humanité pouvait encore s'honorer et s'enrichir en acceptant cet héritage; et que si, pour assurer ses progrès, elle doit se résigner à en abandonner beaucoup de choses, il y en a d'autres aussi qu'elle doit avoir soin de recueillir. L'architecture ogivale, surtout, après une longue raillerie, a été saluée, ainsi qu'à sa naissance, comme une sublime manifestation du génie chrétien. Le génie chrétien a-t-il moins fait pour la gloire de l'art que le génie antique? A quoi peut servir cette question? Ce qu'il nous importe ici de constater, c'est qu'il n'y a plus qu'un très petit nombre d'hommes qui s'oublient assez pour oser écrire dans un livre d'art : « Nous ne reconnaissons de véritable art d'archi- » tecture que celui qui seul, entre tous les procédés de bâtir » connus, a dû son origine, ses progrès, ses lois, sa théorie, » sa pratique, aux Grecs (1) ». Le fait est que la jeune génération, qui n'est point engagée dans les préjugés et les rancunes du dix-huitième siècle, admire les cathédrales du moyen-âge, parce qu'elles déposent à un haut degré du génie, de la foi, de l'association et du dévouement des enfants du peuple qui les ont élevées. Cette réaction en faveur de l'architecture gothique s'est naturellement reportée sur la peinture sur verre, une de ses plus intéressantes auxiliaires. On en a exhumé les restes, admiré les beautés, expliqué les énigmes; on a été plus loin, on a voulu en faire revivre la pratique. Mais alors on s'est trouvé en présence du préjugé populaire qui regardait cette pratique comme entièrement perdue; et chacun n'a eu d'autres secours que sa propre sagacité, presque toujours insuffisante, pour restaurer des procédés que la succession du temps seule peut créer, et que par conséquent le génie d'un seul serait impuissant à reconstituer de toutes pièces. Beaucoup de gens cependant ont cherché courageusement à le faire : nous avons personnellement connu plusieurs de ces aventureux chercheurs. Plusieurs nous liront, et peut-être leur serons-nous en aide; car le secret de la peinture sur verre, si secret il y a, n'est rien moins que perdu. Si beaucoup de livres et beaucoup d'hommes, même des plus savants, ont déclaré le contraire, beaucoup de livres et beaucoup d'hommes, moins savants peut-être, mais assurément mieux informés sur cette matière, répondront à qui les interrogera : d'abord, nous demandons la priorité pour le Vasari, notre auteur; la méthode n'est pas son défaut; mais il suffirait cependant, il nous semble, de le lire avec soin pour comprendre la pratique entière de l'habile Guglielmo, son patron. Il y a encore, à notre connaissance, un livre du moine Théophile, intitulé : *De omni scientia picturæ artis*, qui contient,

(1) M. Quatremère de Quincy, *Histoire des Architectes*, Avertissement, tom. 1er. — Paris, 1830.

entre autres instructions relatives aux verres de toutes espèces, un chapitre intitulé : *De ornatu picturæ in vitro;* c'est le vingtième du livre; puis l'ouvrage d'Antonio Neri, chimiste florentin, traduit dans plusieurs langues, et entre autres en français, par d'Holbach, imprimé par les Giunti, qui publièrent aussi les œuvres de Vasari; le *Livre singulier* de Bernard de Palissy; l'*Art de la Verrerie*, d'Haudiquier de Blancourt, publié en 1667; le *Traité de peinture sur verre*, de Pierre Levieil, en 1794; le *Mémoire* d'Avelin en 1787; les *Rapports* de MM. Darcet et Brongniart, l'un du 16 août 1826, l'autre du 7 juin 1828.

Cette succession d'écrivains, assurément tous compétents, et dont plusieurs ont été des praticiens de la plus grande habileté, suffit largement pour fournir à ceux qui voudraient cultiver maintenant cet art des moyens utiles et de bons conseils. Le peu de lecture et l'isolement où s'enferment beaucoup de travailleurs peuvent seuls expliquer cette conviction obstinée qu'ils ont que la peinture sur verre est une chose perdue. On conçoit que quelques moyens du genre de ceux qui appartiennent en propre à chaque ouvrier ou à chaque école aient pu périr; mais il y a loin de là à la perte de l'ensemble technique d'un art quelconque. La peinture à l'huile elle-même a bien perdu quelques unes de ses ressources particulières, et l'on discute bien encore, sans jamais s'entendre ni s'accorder, sur les procédés personnels de certains maîtres, comme du Corrège, du Titien, de Paul Véronèse; à plus forte raison, ces sortes de lacunes peuvent-elles exister dans une manière d'opérer à peu près abandonnée aujourd'hui. Mais cependant, si nous consentons à faire cet aveu, il n'en faut pas abuser pour essayer de prolonger des mystères vraiment gratuits et ridicules; car il faut reconnaître qu'on n'a écrit, sur les procédés de la peinture à l'huile, aucun ouvrage aussi complet, aussi lumineux, que la plupart de ceux auxquels nous avons renvoyé le lecteur, pour la peinture sur verre. Ainsi, par exemple, ces personnes qui, dans ces derniers temps, admettaient comme la seule perte à regretter dans l'ensemble des *secrets* de la peinture sur verre, celle du verre rouge sanguin, et sont parvenues à le recomposer par le protoxide de cuivre, ont reconnu après que la préparation en était parfaitement décrite dans l'ouvrage d'Antonio Neri, déjà cité par nous. Au reste, la peinture sur verre, malgré le préjugé général, malgré les efforts malentendus et infructueux, n'a jamais cessé complétement d'être employée en Angleterre, en Allemagne, en Hollande. Il y a plus: dans ces derniers temps, de 1823 à 1825, un émailleur de Paris a peint, pour la Sorbonne et pour Saint-Denis, des vitraux où certainement le procédé des anciens verriers serait entièrement reconstitué, s'il avait pu cesser d'être connu.

Ce que nous avouerions plus facilement avoir été perdu, et être plus difficile à retrouver, c'est la naïveté des vieux types gothiques, et la capricieuse entente de la couleur, ou encore les indications hardies et la science profonde de Jean Cousin, des Bernard de Palissy, des Guglielmo da Marcilla. Mais ceci est une question d'art et nullement une question de pratique.

Voir principalement : l'*Essai sur les peintures sur verre*, de E.-H. Langlois; — les *Monuments français*, d'Alexandre Lenoir ; — l'*Histoire de l'art par les monuments*, de Séroux d'Agincourt ; — l'*Encyclopédie méthodique* (art. du chevalier Jaucourt); — les *Principes d'architecture*, par Félibien.

CHAPITRE V.

RECHERCHES SUR L'ART DES MINIATURISTES.

Beaucoup d'écrivains ont affirmé que la miniature et la mosaïque avaient été les seuls représentants de notre art à travers les premiers siècles du moyen-âge, si ce n'est pendant la plus grande partie de sa durée. Nous croyons cette assertion erronée, et l'exagération nous semble ici évidente. Les monuments de la mosaïque et de la miniature ont été plus généralement conservés et devaient l'être par une foule de raisons faciles à saisir; voilà tout ce qu'on devait en dire. Et sans insinuer ou sans nettement poser en fait que le double exercice du mosaïste et du miniaturiste avait donné naissance à l'art moderne du peintre, on devait se contenter de nous apprendre que l'histoire des premiers développements de notre art, à partir de l'époque chrétienne, devait surtout se chercher dans les travaux subsistants de la mosaïque et de la miniature. En effet, c'eût été là un aperçu utile et sain que personne n'eût contesté.

Nous l'avons déjà dit, les premières origines de l'art moderne doivent se chercher dans l'obscurité des catacombes; en effet, c'est dans ces demeures souterraines, consacrées à la mort et à la prière, sur la pierre sanctifiée des chapelles et des tombeaux, et sous les inspirations les plus ardentes, que les artistes chrétiens commencèrent à tracer ces linéaments grossiers, irrécusables témoins de leur enthousiasme et lisibles symboles de leurs croyances.

Toutefois les manifestations de l'art chrétien ne furent pas longtemps confinées dans l'étroite et sombre enceinte des cryptes. La mémorable décision prise par Constantin leur ouvrit l'empire romain pour théâtre. Cependant on a eu tort de dire que l'abjuration de Constantin et la promulgation de la religion chrétienne aient spontanément investi les peuples d'un art nouveau, original et contrastant dans ses formes et ses inspirations avec l'art désormais abandonné de l'antiquité païenne. Il n'en fut rien ; et c'est là une de ces banalités historiques qu'aucun monument ne justifie, que tous au contraire démentent.

Les circonstances dans lesquelles le christianisme naquit n'ayant pu mettre à sa disposition une technique nouvelle, les inspirations chrétiennes furent longtemps contraintes à se mouvoir dans les formes et les motifs de la gentilité. Nous avons déjà sondé les causes qui privèrent, à son avénement, la religion nouvelle des précieux éléments qui eussent assuré dès lors, à ces tentatives dans nos arts, ce caractère de grandeur et de propriété qui plus tard les distingua d'une manière si éminente. L'art chrétien, malgré son intime vitalité, a affecté, pendant les siècles de sa jeunesse, les symptômes extérieurs de déclin et de dépérissement dans lesquels s'est évanoui l'art antique ; c'est particulièrement dans les grands ouvrages en mosaïque de Rome et de Ravenne, dans les peintures des catacombes et les miniatures des vieux manuscrits qu'on peut apprécier le style de l'art chrétien durant la période qui précéda le règne de Constantin, et pendant les premiers siècles qui suivirent l'établissement du christianisme. Ces documents nous fournissent la preuve que la peinture et la sculpture, si l'on excepte quelques rares intentions bibliques substituées aux intentions mythologiques, reproduisent constamment l'art antique dans toutes ses parties. Partout on retrouve ces personnifications familières aux anciens et à l'aide desquelles ils exprimaient depuis si longtemps, non-seulement leur sujet principal, mais encore ses attributions les plus délicates, et jusqu'aux localités et aux heures du jour. Les attitudes, les costumes, l'arrangement des accessoires et le jet des draperies sont identiques.

La profonde connaissance de la valeur expressive de chacun des traits de la figure humaine pour traduire les caractères différents, la méthode architectonique ou le calcul de la distribution des figures dans l'espace donné, le sentiment de la noblesse et de la grâce des mouvements, tous ces moyens enfin d'expression et de vie, toutes ces idées d'ordre et de convenance que ne perdit jamais l'art antique, même dans sa dégradation finale, passèrent entièrement dans l'art chrétien. Dans le tissu même de ces œuvres primitives des écoles chrétiennes, dans leur coloration et leur facture, on saisit encore les affections et la marche des décorateurs de l'antiquité : le coloris large, les teintes blondes et rompues, l'exécution solide et pleine de corps des peintures chrétiennes de ces temps pourraient les faire confondre avec les peintures retrouvées à Pompeï. Cependant, en gardant la mesure convenable, on peut avouer qu'à toutes ces qualités héréditaires se mêle déjà l'élément nouveau de l'inspiration chrétienne ; à la rigueur même on pourrait concéder que cet élément nouveau est assez fort pour ébaucher en traits généraux le caractère fondamental que l'art chrétien revêtira plus tard. En effet, malgré la déplorable décadence des moyens et des idées dans laquelle s'exercèrent ces artistes primitifs, on voit poindre quelques unes des données principales que développèrent avec tant de force et d'éclat leurs glorieux successeurs du quinzième et du seizième siècle. Attentivement et consciencieusement envisagées, non dans leurs formes, non dans leur aspect, mais dans leurs entrailles, ces œuvres religieuses ont une volonté et une tendance qui les séparent déjà des œuvres profanes ; elles ont quelque chose de solennel, de simple ; qualités, il est vrai, encore essentiellement antiques, mais que ne partagent plus au même degré peut-être les productions païennes de cette époque. C'est ce caractère d'austérité et de grandeur qui motivèrent, bien plus que leur solidité matérielle, l'exclamation si connue de Ghirlandajo : C'est là la vraie peinture pour l'éternité ! c'est ce caractère d'austérité et de grandeur qui inspirèrent Raphaël lui-même au beau temps de l'art.

Arrêtons-nous maintenant sur les différents modes de représentation que les premiers essais des artistes chrétiens firent prévaloir ; c'est là une recherche intéressante et qui nous conduira à une distinction qui n'a point encore été faite, et qui cependant est d'une haute valeur pour la compréhension de l'art moderne. L'unité de l'Église, pour s'étendre et s'universaliser, puisa aux sources les plus opposées ; sa large hospitalité accepta, pour les pacifier et les fondre, les affections les plus hostiles et les instincts les plus contradictoires (1). Si l'on réfléchit seulement un moment aux profonds contrastes que présentaient alors entre elles l'éducation juive et celle des autres peuples de l'empire, on comprendra combien l'Église dut avoir de peine et combien il lui fallut de sagesse pour discipliner sous une règle commune ses premiers néophytes. Aussi l'Église, dans sa patience maternelle, dut-elle attendre que ses enfants en discord se façonnassent à l'union, et laissa-t-elle au temps et à l'habitude le soin d'assouplir leur humeur et d'user leurs querelles. Dans le domaine des idées, l'esprit juif et l'esprit grec, les deux représentants suprêmes de l'antiquité intelligente, lui donnèrent surtout à faire. Leur lutte manqua la dissoudre. Tout en les surveillant, l'Église sut ne pas les comprimer; tout en les redoutant, elle sut les laisser agir. Son équilibre fut parfait, et maintenant que nous connaissons la haute harmonie et la rigoureuse autorité que cet équilibre lui permit d'atteindre, c'est un bien curieux spectacle que de démêler ses originaires désordres et ses primitives complaisances. Dans nos arts comme en toutes choses, comme dans les mœurs et les croyances, le génie grec et le génie juif furent aux prises, et, ne pouvant se vaincre, furent obligés de s'unir.

(1) C. Grüneisen : *Zur Archaëologie der Kunst. Von den Urssachen und grenzen des Kunsthasses in den drei ersten Jahrhunderten nach Christus.* Kunstblatt, A. 1831, nº 28-30.

On peut donc, à l'époque à laquelle nous avons cru nécessaire de remonter pour embrasser mieux l'ensemble de l'histoire de l'art moderne, signaler deux tendances bien distinctes, deux écoles, si ce mot convient : la première en date, et nous dirons tout à l'heure pourquoi, issue du polythéisme antique et de la donnée homérique; la seconde découlant du monothéisme patriarchal et de la donnée biblique. Nous allons les suivre rapidement dans leurs doubles productions. Les païens convertis au christianisme furent les premiers à l'œuvre. En effet, voués par leur éducation au culte de la forme, habitués à ce que l'art leur rendît tout sensible, ils durent éprouver le besoin de se représenter la divinité nouvelle plus tôt que ceux qui avaient quitté la religion juive pour suivre celle du Christ, et à qui les dogmes de leur ancien culte interdisaient sévèrement les images. Les païens convertis (*ex gentibus*), portés à tout idéaliser, représentèrent donc le Christ d'une manière tout-à-fait conventionnelle, comme un jeune homme d'une beauté parfaite, aux formes molles et suaves, élégantes et féminines, et d'ailleurs imberbe comme leur Apollon et leur Mercure. Les affections voluptueuses du milieu social où ils vivaient se traduisirent dans cette occasion grave avec une telle complaisance et une telle obstination, qu'après, bien des clameurs les chrétiens d'origine juive (*ex circumcisione*) leur opposèrent un type contradictoire du Christ. C'est cette image si connue, au visage allongé, aux joues amaigries, à l'expression grave et mélancolique, à la barbe fendue et aux cheveux longs, séparés sur le front en deux masses tombant sur les épaules; cette image qui repose, dit-on, sur une tradition de ressemblance réelle, était à elle seule, en fait d'art, une significative réaction. Il s'ensuivit de fougueuses et de longues controverses sur toutes les questions de laideur et de beauté, de sérénité et de tristesse, qui enflammèrent les docteurs les plus exercés et les plus respectés de l'Église.

Ce type fut en définitive maintenu. Il était trop conforme aux actions du Christ et à l'idée qu'on devait naturellement avoir de lui pour qu'il en fût autrement; aussi le retrouve-t-on dans tous les grands travaux de la mosaïque. Et, sans insister ici davantage, on peut saisir combien fortement un nouvel élément d'impression était acquis à l'art de l'avenir. Ce n'était pas peu de chose, en effet, que d'avoir jeté dans la sereine et idéale poétique de la Grèce ce contraste inattendu et cette sanctification de la laideur et de la souffrance physique, réhabilités par l'expression morale. Qu'on sonde bien ceci. Tout l'art du moyen-âge, tout l'art moderne sont là.

La vierge Marie fut d'abord représentée sous l'aspect d'une Romaine, encore jeune, toujours seule, assez ordinairement debout, la main sur la poitrine et les yeux levés vers le ciel. Ce ne fut guère que vers la fin du cinquième siècle (après le concile d'Éphèse, tenu en 431) qu'on la peignit assise sur un trône, portant l'Enfant-Jésus sur ses bras ou sur ses genoux (1).

Les anges apparaissent sous la figure de jeunes gens, vêtus de la tunique et de la toge romaine; dans les monuments les plus anciens ils sont toujours représentés sans ailes, et quelquefois tenant à la main de longs bâtons assez semblables au sceptre antique. Dès cette époque, les artistes attribuent déjà à saint Pierre une tête ronde, la barbe et les cheveux crépus; le masque de saint Paul est allongé, sa barbe longue et pointue.

Les autres apôtres, les prophètes et les patriarches, toujours

(1) G. F. Waagen : *Kunstwerke und Künstler in England und Paris*, III, 197. C'est assurément un des ouvrages les plus instructifs qui aient été publiés sur les arts dans ces derniers temps. L'auteur de ce livre, directeur de la galerie des tableaux du Musée de Berlin, et professeur à l'Université de cette ville, n'a pas eu pour objet de tracer une histoire systématique des arts en Angleterre et en France, mais seulement de réunir un grand nombre de notices éparses, propres à servir de matériaux pour un ouvrage de ce genre ; il a parcouru une assez grande partie de l'Angleterre et de la France ; mais comme il a séjourné le plus longtemps à Londres et à Paris, c'est dans ces deux villes qu'il a choisi ses plus nombreux exemples. Il y a pu voir, méditer et comparer beaucoup, et il est revenu dans sa patrie après avoir rassemblé une riche moisson d'observations ingénieuses et de recherches curieuses dont chaque page de son livre offre la preuve, et qui nous ont constamment guidés dans notre travail. M. Waagen prépare depuis plusieurs années une *Histoire de la peinture en miniature*, que nous font attendre avec plus d'impatience ses excellentes notices préliminaires sur cette branche de l'art si peu connue et si peu appréciée jusqu'ici.

sous le costume romain, ne sont point encore caractérisés chacun d'une manière spéciale et constante.

Enfin la personnification de l'Église est offerte sous la figure d'une matrone romaine, ayant la Bible dans sa gauche et donnant la bénédiction de sa droite.

Comme pour le Christ, on rencontre encore ici deux images, deux types différents, l'un relatif aux chrétiens-juifs et à saint Pierre, l'autre aux chrétiens-païens et à saint Paul.

Abstraction faite des purs symboles, tels que le monogramme du Christ (1), la croix, l'ancre, le vaisseau, la lyre, la palme, le poisson, la colombe, l'agneau, la vigne, etc., etc., qu'on figura d'abord, mais qui appartiennent à peine au domaine de l'art, il y a tout un cycle de représentations allégorico-bibliques que les artistes de ces temps reculés avaient l'habitude de traiter.

Au Nouveau-Testament on emprunta d'abord les paraboles; la plus fréquemment choisie était celle du bon pasteur. La raison s'en conçoit facilement. Mieux qu'aucune autre, elle exprimait d'une manière toute générale l'idée du Sauveur, dont on hésitait encore à donner le portrait. D'ailleurs, dans cette allusion frappante, tout nouveau converti entrait personnellement dans la scène et se comparait volontiers à la brebis égarée et ramenée au bercail (2).

Après la régénération spirituelle, l'immortalité de l'âme. Le thème qui l'exprimait devait être un de ceux auxquels les artistes primitifs devaient aussi s'appliquer de prédilection. Aussi de très bonne heure et fréquemment on rencontre l'histoire du prophète Jonas englouti par la baleine, et rendu vivant au bout de trois jours.

Dans un sens pareillement symbolique, on traitait beaucoup

(1) F. Münter. *Sinnbilder und Kunstvorstellungen der alten Christen*. Altona, 1825.

(2) Aringhi. *Roma subterranea novissima*. — Bosio. *Roma sotteranea*. — Bottari. *Sculture et pitture sagre estratte dai cimiteri di Roma*.

d'autres sujets de l'Ancien-Testament ; Abraham sacrifiant son fils Isaac, et le prophète Élie montant au ciel sur un char de feu, lisibles images de la mort et de l'ascension de Jésus-Christ. Vient après, dans l'ordre chronologique, une suite de faits historiques depuis la création ; puis le Christ lui-même est montré enseignant et bénissant au milieu de ses apôtres, ou debout sur la montagne. Plus tard on l'asseoit sur un trône entre saint Pierre et saint Paul, ces deux colonnes de l'Église catholique. La représentation des quatre Évangélistes, entourés de leurs symboles et occupés à écrire l'Évangile, n'est pas beaucoup plus ancienne (1).

En général, comme nous l'avons déjà dit, les scènes empruntées au Nouveau-Testament, qu'on a adoptées les premières, sont toujours celles auxquelles on pouvait donner un sens allégorique, comme l'eau changée en vin aux noces de Cana et le Lazare ressuscité, exprimant la régénération de l'esprit et la résurrection de la chair. C'est après que vinrent les miracles attestant le pouvoir surnaturel et divin du Christ, tels que la guérison des aveugles, des paralytiques, des démoniaques, de l'hémorrhoïsse et le repas des quatre mille hommes (2).

La représentation de la naissance de Jésus-Christ, de l'adoration des mages, de la Pâque, date à peu près de ce temps ; mais c'est bien plus tard qu'on se décida à traiter les motifs dramatiques et lamentables de la Passion.

Telles ont été, en sommaire, la marche et la production de l'art chrétien primitif ; on n'y observe aucun élan ni aucun dépérissement notable jusque vers le milieu du sixième siècle, tant en Orient qu'en Occident. Mais, à partir de cette époque, il se manifeste une différence remarquable dans les œuvres pittoresques de ces deux régions. L'assujettissement des Goths par

(1) Ciampini. *Vetera monumenta*, etc.

(2) Joh. Georg. Müller. *Die bildlichen Darstellungen im sanctuarium der christlichen kirchen vom fünften bis vierzehnten Jahrhundert.* Trèves, 1835.

Justinien et l'invasion des Lombards, le peuple le plus destructif et peut-être le plus cruel qui soit descendu du Nord, jetèrent l'Italie dans une longue anarchie et dans une pauvreté extrême, qui dut restreindre l'exercice de l'art et en abâtardir davantage le caractère (1).

Plus ou moins, et par des causes analogues, les autres contrées occidentales partagèrent la misère et les vicissitudes délabrantes de l'Italie. Dans l'empire d'Orient, au contraire, à Constantinople surtout, l'art se maintint sous les bonnes influences du glorieux règne de Justinien, et sans progrès comme aussi sans déclin, il put produire dans la méthode accoutumée et avec une notable habileté des œuvres importantes. Cependant, ce règne de Justinien où, presque en toutes choses, on affecta de se montrer fidèle aux traditions exclusivement antiques, vit poindre les premiers symptômes de l'art byzantin. Une certaine sécheresse dans les contours, une maigreur toute particulière dans les formes, un allongement fantasque dans les proportions, une raideur arbitraire dans les plis, une aigreur inconcevable dans le coloris et un emploi exorbitant de la dorure sont les premiers et lisibles préludes de cet art étrange auquel, comme nous l'avons déjà dit dans nos Considérations sur l'architecture, aucun nom ne paraît convenir précisément et que toute définition embrasse mal.

Comme notre France alors sortait à peine de ces temps où elle n'était encore qu'une province romaine, on peut, avec quelque probabilité, supposer que les travaux d'art exécutés sous la domination mérovingienne (de 486 à 752), et sous l'impulsion toute latine de Grégoire de Tours et des quelques grands hommes de l'ordre sacerdotal qui civilisèrent et adoucirent la race conquérante; on peut supposer, disons-nous, que les travaux d'art conservèrent exclusivement le caractère antique. Ces produits, on le pense bien, ne durent probablement être ni nombreux ni d'une

(1) V. S. d'Agincourt, *Histoire de l'art par les monuments, etc.*, peinture tab. 28-30. — C. F. Von Rumohr, *Italienische Forschungen*, I, p. 166.

grande valeur. La sauvagerie importée par la conquête et l'abrutissement des populations vaincues avait gagné même les communautés religieuses, seuls centres capables de former et d'abriter les praticiens de l'art jusqu'au treizième siècle. Dans cet abaissement des intelligences même les plus cultivées, les traditions et les acquisitions anciennes durent s'oblitérer. Ce qui est certain au moins, c'est que jusqu'ici aucun manuscrit orné de peinture et d'origine française n'a été trouvé qui fût antérieur au règne de Charlemagne.

En Angleterre, où le christianisme n'envahit la race saxonne que vers l'an 600, on voit, vers le milieu du huitième siècle, apparaître d'abord une peinture presque entièrement étrangère aux données antiques, et purement barbare. Toute trace de l'importance de la physionomie humaine et de l'entente organique des formes du corps y est absente. Toute largeur d'exécution, toute distinction de la lumière et de l'ombre y ont complétement disparu. Un trait aigu, probablement obtenu par la plume, en tous cas inintelligent et mécanique, mais plein d'une insignifiante fermeté et d'une propreté désespérante, y circonscrit une enluminure simple et locale, fournie par des couleurs sans corps, et dont la transparence semble avoir été le seul mérite qu'on pût alors imaginer.

Après vint l'époque plus heureuse de Charlemagne. Le long règne de ce grand homme (768-814) releva le moral des peuples occidentaux. Sous son influence, les beaux-arts reçurent une impulsion nouvelle dans toute l'étendue de la domination franque. Charlemagne voulut que le soin d'inspecter les églises et les peintures fît partie de la mission des envoyés royaux qui parcouraient ses provinces. Il fixa, dans ses Capitulaires, le prix des ouvrages de peinture ; il recommanda l'encouragement de l'art aux évêques, et il chercha à le propager chez ses voisins. Les monuments que Charlemagne ou ses successeurs firent exécuter ont pour la plupart péri ; les rigueurs de nos climats et nos révolutions ont détruit les fresques des édifices ; mais nos bibliothèques conservent encore les précieux manuscrits exécutés sous leurs ordres.

Nous citerons l'Évangéliaire que l'on conserve dans la Bibliothèque du Louvre (1). Il ne saurait exister la moindre incertitude sur l'authenticité de ce précieux monument. On lira sur les deux dernières pages de cet in-folio des vers latins de l'époque contemporaine indiquant qu'il a été exécuté par l'ordre de Charlemagne et de son épouse Hildegarde. Il y a aussi à Paris un autre Évangéliaire de ce temps (2). (Bibliothèque Nationale. Suppl. lat. n° 686.)

Ces documents et d'autres encore (3) prouvent que le caractère primitif de la peinture chrétienne, c'est-à-dire le caractère antique, avait été conservé assez fidèlement. Toutefois, dans quelques parties, dans le type de certaines têtes, dans les motifs raides et maigres des plis, dans l'emploi du vermillon et du bleu non rompu, dans les hachures d'or des draperies et le ton verdâtre des chairs, on ne peut méconnaître l'influence byzantine dont nous avons parlé plus haut. Cette influence est plus manifeste ici que dans les miniatures de la célèbre Bible conservée dans le cloître de Saint-Calixte, à Rome. En tout cas, cette Bible n'a point été faite par les ordres de Charlemagne, comme l'ont, bien à tort, prétendu Montfaucon, d'Agincourt, et tous les historiens de l'art.

L'influence byzantine que nous constatons dans ces œuvres occidentales est facile à expliquer. Constantinople était alors regardée comme le centre de l'industrie, du goût et de la science. Des témoignages irrécusables établissent que Charlemagne communiqua constamment avec la cour byzantine. Malgré cela, pourtant, l'origine barbare de l'ouvrier se trahit dans ces travaux en bien des points. On ne peut attribuer qu'à elle l'énormité des

(1) C'est un volume d'une forme presque carrée et écrit en lettres capitales en or et sur pourpre, à deux colonnes, par un nommé *Godescalk*, qui mit sept ans à l'exécuter.

(2) *Voy.* Waagen, l. t. III, 237 et suiv.

(3) *Voy.* D'Agincourt, l. t. Peinture, tab. 40-45. — Rumohr, l. t. — Dibdin, *A biographical, antiquarian tour in France and Germany*, t. II, p. 156-163. — Colomann Sanftl., *Dissertatio in aureum SS. Evangeliorum codicem Mss. Monast. S. Emmerami.*

mains et des pieds, leurs doigts longs et courbés en dehors vers les pointes, la grosseur démesurée des têtes, et la brutalité de la façon, toutes choses en contradiction avec les types sveltes et l'exécution fine affectés par les maîtres byzantins.

Les grands travaux de réparation ordonnés par Adrien Ier et les fondations entreprises par Léon III furent les premiers fruits de la paix donnée à l'Italie et à l'Eglise romaine par Charlemagne. Mais bientôt après, l'attente de ce qui devait arriver l'an 1000, arrêta quelque temps toute production.

Cette mystérieuse terreur de l'an 1000, dans lequel on croyait alors que le monde allait finir, exerça sans doute une influence salutaire. L'élan imprimé aux esprits, quand l'appréhension en fut passée, dut compenser, du reste, les malheurs qu'elle avait causés. Nous soupçonnons, par l'étude que nous avons faite des monuments de l'art, que la sagesse des peuples ne fut, dans cette circonstance, qu'à moitié en défaut. Ces monuments attestent que cette époque redoutée vit céder l'art du monde ancien, et nous sommes portés à croire que, si l'on considérait avec attention le mouvement opéré alors dans toutes les autres directions de l'esprit humain, on trouverait un résultat analogue. L'âge moderne nous semble dater de cette époque : autant qu'on peut saisir dans le cours des temps et la complication des choses, le point délicat où une nouvelle civilisation commence réellement à s'appartenir et à dégager suffisamment ses principes et ses germes combattus et étouffés dans la dissolution d'une civilisation expirante, ce point de l'an 1000 sera choisi. Vers l'an 1000 donc, l'art du monde ancien, conservé et propagé pendant tant de siècles, et depuis longtemps vivant et marchant, de plus en plus affaibli, s'abîma décidément. Mais, même dans sa dégradation dernière, toute inouïe qu'elle paraisse, il ne fut point dénué de toute mission. Cette mission, il l'a remplie dans toute son étendue : elle consistait à servir d'intermédiaire entre les traditions de l'art antique et les inspirations primitives de l'art chrétien destiné à recueillir et à faire valoir cet héritage. Ce qui tomba dans l'automne séculaire de l'an 1000 éleva le sol, et féconda les racines du grand arbre dont nous avons vu au seizième siècle mûrir les plus beaux fruits.

A partir du onzième siècle, les artistes ne cherchent plus à donner à leurs figures cette solennité inerte et cette dignité froide d'autrefois. Aux conceptions retenues de l'art antique dont le sens était perdu succède toute la fantaisie de l'art moderne. Mais l'indépendance de l'esprit et la largeur du champ jettent d'abord l'affranchi dans tous les écarts de l'inexpérience, et le plus grand effort, ainsi que la plus belle prérogative de l'homme, est de bien faire dans sa liberté. Rien ne surpasse l'étrangeté des premiers essais des artistes modernes, quand, pour en finir avec la pâle allusion et les thèmes imposés, ils cherchèrent à traduire la vie réelle et à exprimer leur pensée originale; s'exerçant en quelque sorte à parler avant que la langue ne fût faite. Pour se rendre intelligibles, ils recoururent à toutes les exagérations de l'impuissance : attitudes violentes, membres disloqués, contrastes sauvages, expression emphatique, choix baroque. Si l'on excepte quelques figures du Christ et de Dieu le Père, dont on venait d'aborder enfin la représentation, et pour lesquelles l'esprit modérateur de l'Église intervint sans doute, toutes les productions de ces temps sont entachées de ces défauts énormes. Les artistes avaient ouvert l'Apocalypse et puisaient à l'envi des inventions fantastiques et bizarres à cette source abondante et populaire. Les anciens ajustements sont abandonnés et le costume contemporain recouvre tous les personnages, hormis quelquefois les plus importants, où les draperies antiques sont conservées. On commence à fouiller dans leurs plis plus étroits et plus collants les formes du corps. On adopte généralement ce nouveau type de visage dont le dixième siècle avait commencé à produire quelques exemples isolés. L'ovale en est très-arrondi et largement évasé, surtout vers la partie inférieure. Les yeux et les traits manquent de proportion et de longueur, et les yeux sont trop ouverts et hagards. Le nez est droit et court, surtout dans les peintures italiennes. Sa pointe et les narines, vues de face, forment souvent trois demi-cercles égaux. On le joint à la bouche par un trait. Les commissures des lèvres plongent vers le bas. Hors d'Italie, les proportions du corps, si ce mot peut s'employer en cette circonstance, sont étirées d'une façon incroyable, surtout à l'endroit des jambes, qui se terminent, pour rendre cette singularité plus flagrante, par des pieds d'une petitesse hors de toute raison, et sur lesquels l'attention est appelée par une chaussure du noir le plus cru. Les mains sont également petites (1).

Dès le onzième siècle, la France, où les Capétiens avaient ramené, avec plus d'ordre, plus d'activité et de richesses, produisit, dans toutes les sortes d'ouvrages familiers à cette époque, les monuments les plus dignes d'attention (2).

(1) A l'appui de ces considérations sur la marche de l'art, et en dehors des sources et des documents que nous avons cités en avançant, on peut consulter les différents manuscrits que nous allons indiquer. Mieux que tous autres, à notre connaissance, ils peuvent éclairer la critique et renseigner les artistes. Voir, sur la continuation entière de l'art antique en Italie, un Evangéliaire de la Bibliothèque Sainte-Geneviève à Paris, écrit en 714 et 732; figures et mouvements antiques, nulle trace d'or, aucun accessoire barbare; proportions plutôt courtes qu'allongées. — Sur la barbarie radicale de l'art anglo-saxon, un Evangéliaire de la Bibliothèque Nationale (in-fol., suppl. lat., n° 693); sans avoir la même richesse, il a le même caractère que le fameux *Cutbert's book*, conservé au Musée Britannique, et écrit vers le milieu du septième siècle. Selon une vieille inscription, saint Willibrod, l'apôtre des Frisons, qui mourut en 730, l'apporta en France; il est donc probable qu'il a été écrit dans la première moitié du huitième siècle. — Sur la fusion normale des données barbares avec les données antiques, l'Evangéliaire de l'empereur Lothaire (840 à 855), vol. in-4°; une Bible latine in-fol. (manuscr. lat., n° 1); un Psautier in-4°, écrit par les ordres de Charles-le-Chauve, entre 842 et 869, par Luithart, conservé dans la cathédrale de Metz jusqu'en 1674, et donné à cette époque à Colbert; un Sacramentarium in-4° (suppl. lat., 645), commandé, suivant le comte Bastard, par Drogo, fils naturel de Charlemagne et évêque de Metz, en 855; un Evangéliaire d'une grande richesse (suppl. lat., 689). — Sur l'influence accidentelle des errements anglo-saxons sur les œuvres françaises, un Evangéliaire in-fol. (suppl. lat., 664); un Evangéliaire grand in-4° (manusc. lat., 257); un Evangéliaire grand in-4° (Saint-Germain, lat., 664). — Sur l'abandon de la donnée antique en Italie, et la définitive invasion du goût barbare en ce pays, un manuscrit de Térence, grand in-4° (manusc. lat., n° 7899).

(2) On peut voir, à cet égard, et comme pouvant servir d'échantillon de l'ancienne manière dégénérée : un Missale de l'église de Saint-Denis (suppl. lat.,

Mais le monument le plus curieux de ces temps, et qui, par son mérite et sa singularité, donne une idée assez complète de l'époque, est une Apocalypse, écrite à la vérité dans les commencements du douzième siècle, avec un long commentaire, et les prophéties de Daniel. C'est un volume in-fol., d'une grandeur médiocre, qui se trouvait autrefois dans une église de Saint-Sévère du département des Landes; la richesse et la beauté de ses miniatures le mettent hors de ligne entre les manuscrits de cet âge, dont il résume tous les caractères.

En Angleterre, au contraire, les guerres des Danois, et les affreuses calamités au milieu desquelles s'assura la conquête de Guillaume et se fonda la féodalité normande, tinrent les peuples trop occupés pour que l'art si tranquille de la miniature pût faire quelque progrès ou réaliser quelque ouvrage d'un peu de conscience et de valeur. Les monuments de l'Angleterre, dans cette période, sont, évidemment et de beaucoup, plus grossiers et plus barbares que ceux de toutes les autres nations (1).

En Allemagne, la miniature ne fit quelques progrès que sur la fin du onzième siècle. Il ne semble pas que la lutte acharnée de Grégoire VII et de Henri IV ait été en rien favorable à la pratique de cet art. Sous le long règne du malheureux empereur, l'Italie et l'Allemagne, sans cesse aux prises, échangèrent tous les fléaux de la guerre, et ne s'empruntèrent rien pour l'accroissement des arts de la paix. Le temps n'était pas encore venu pour ce précieux commerce qui aide à faire religieusement accepter dans l'histoire ces époques de tourmentes et de désastres. Nulle influence heureuse d'un peuple sur l'autre, si ce n'est l'exaspération de leur brutalité propre ; quoique l'Allemagne eût versé tout entières ses populations sur l'Italie, il n'en vint aucune ins-

n° 666), exécuté dans le onzième siècle; une Bible latine, 2 vol. gr. in-fol, (manuscr. lat., n°s 8, 4, 2 ; une Bible latine, 2 vol. gr. in-fol. manusc. lat., n°s 6, 1, 2, 3, 4,) de la première moitié du onzième siècle : et enfin un Missale, petit in-fol., de la seconde moitié du même siècle (Saint-Germain, lat., n° 697).

(1) Voir, à la Bibliothèque Nationale, un Evangéliaire pet. in-fol. (suppl. lat., n° 608) ; et un Evangéliaire (Saint-Victor, n° 458).

piration utile. L'art abject de Byzance, sans la moindre modification, montre seulement ses affections surannées et retardataires dans les productions germaniques d'alors. Entre tous les ouvriers occidentaux, les Allemands seuls conservent, dans ce siècle, l'exécution gouachée des époques précédentes, et ne font voir que bien rarement quelques ouvrages empreints encore du coloris lumineux et blond que nous avons attribué à la primitive manière franque (1).

Les Pays-Bas, qui étaient tantôt sous la souveraineté française, tantôt sous celle de l'Allemagne, se ressentirent de l'influence de ces deux peuples (2).

Le point culminant de la barbarie et de l'insignifiance de l'art en Italie est aussi ce commencement du onzième siècle. Quoique, durant cette époque orageuse, les villes d'Italie eussent accru leur pouvoir et leur importance, aucune influence heureuse ne se fit sentir dans l'art. La Bibliothèque Nationale ne possède pas de manuscrits italiens de ce temps ; mais ailleurs les monuments abondent pour prouver que, si l'on excepte l'Angleterre, l'art peut-être n'était nulle part tombé si bas (3).

(1) Voir, à l'appui de la première remarque, un Missel in-fol. (Suppl. lat., nº 641), qui date du commencement du onzième siècle, et qui, selon une notice qu'on trouve à la page 48, a été exécuté dans le couvent de Prum, dans les Ardennes, près de Trèves, par un moine nommé Wiking ; et, à l'appui de la seconde, un Sacramentarium de saint Grégoire, de la première moitié du onzième siècle (Oratoire, nº 35), orné d'un grand nombre de miniatures, dont l'origine allemande ne peut être révoquée en doute, puisqu'on trouve les noms allemands des mois et des saisons dans le calendrier, tels que : *hornung* (février), *lencimanoth* (printemps), *wintermanoth* (hiver). Le monument le plus important est un Evangéliaire in-4º (La Vallière, nº 55).

(2) Voyez un manuscrit des Considérations morales de saint Grégoire sur le livre de Job, in-fol. (Sorbonne, nº 267).

(3) Voyez un Exultet qui se trouve à Rome, dans la bibliothèque de la Minerva, et le poème si connu de Donizo, au Vatican, sous le nº 4922. Ces deux manuscrits datent du onzième siècle, et n'offrent aucune trace ni de clair-obscur ni de modelé. Voyez les gravures de d'Agincourt (peinture, pl. 55 et 66, nºs 1 et 2). On trouve d'autres exemples plus nombreux, et de plus amples renseignements dans l'excellent ouvrage de Rumohr (*Italienische forschungen*, t. I, p. 242 et suiv.).

Mais, à partir de 1150 à 1250, une nouvelle et heureuse impulsion se fait remarquer chez toutes les nations occidentales. A beaucoup d'égards, on peut constater ici des progrès positifs et importants. Tous les germes que nous avons vus poindre dans l'époque précédente vont décidément commencer à se développer dans celle-ci.

Il faut sans doute une attention minutieuse et obstinée pour reconnaître dans les langes de l'an 1000 l'art moderne, si faible, si timide dans ses premiers essais, que beaucoup d'observateurs se sont refusés à admettre qu'il remontât à cette période. Nous-mêmes, on peut le croire, nous nous serions épargné cette confrontation épineuse, pleine d'ennuis et d'obscurités, si nous n'avions voulu qu'en tirer cette notion isolée que l'art moderne pouvait justifier de ses premiers symptômes jusque dans ces temps reculés. A quoi bon la vaine curiosité, menant à des découvertes sans application et sans enseignement dans l'histoire de l'art? Mais ici, nous avons tenu à montrer, par les documents choisis avec réflexion et patience à cet effet, comment, dans les arts, chaque idée, chaque affection se manifeste et se déroule. Rien ne s'y peut isoler absolument. Une chaîne, qu'il n'est point donné à l'esprit humain, même dans ses plus grands mouvements, de briser, tient toutes choses unies et solidaires.

Dans une longue et ténébreuse transition, dont les yeux les plus exercés distinguent mal les nuances délicates, les principes dépérissants et les principes qui naissent se tiennent longtemps embrassés. L'idée qui naît se promet bien d'en finir au plus tôt avec son antagoniste, et, dans un sens, paraît la précipiter à sa disparition ; mais, dans un autre sens, elle lui prête une force qui la perpétue et l'empêche de mourir entièrement. D'un autre côté, l'idée expirante, et qui doit finir par être subalternisée à ce point qu'on la croira disparue, paralyse si longtemps l'idée nouvelle, dans le régime débilitant où elle retient sa jeunesse embarrassée, qu'elle lui ôte toujours une partie de ses espérances en compromettant sa virtualité native. De façon qu'on peut certainement dire, dans les arts, qu'aucune idée ne peut tenir entièrement toutes ses promesses, et qu'aucune ne peut être entièrement ruinée. Malgré elles, les affections les plus inconciliables se concilient ; et quand elles paraissent le plus se faire la guerre et s'exclure, elles se marient davantage et s'attachent l'une à l'autre pour ne plus se démêler.

Assurément, la critique exclusive de notre temps, si elle se fût exercée alors, n'eût pas manqué de prédire le complet abandonnement de la donnée antique, quand l'instinct artistique des races barbares, envahissant et irrésistible, comme tous leurs autres instincts, vint se prendre avec le génie lassé des races civilisées. Il en fut cependant tout autrement. Sous la médiation du christianisme, c'est-à-dire sous la main de la Providence et l'économie du cours des choses, ces goûts différents, ces tendances hostiles, étonnés de se trouver en présence, et s'incriminant l'un l'autre, s'attachèrent pour toujours s'appartenir ; l'homme civilisé reprochant au barbare sa rudimentaire ignorance, son incapacité ouvrière, la nullité de ses manifestations, son impuissance pour tout signe, pour toute image saisissable ; et le barbare, avec son vague idéal qu'il ne peut encore formuler, avec son imagination nuageuse, qui n'a pas encore trouvé une langue pour la débrouiller, reprochant à l'homme civilisé sa déplorable habileté, et méprisant l'insignifiance de ses œuvres subtiles et vaines. Qu'arrive-t-il d'ordinaire dans ces conflits? L'instinct court vite à une forme qui l'aide à se faire comprendre et à s'expliquer à lui-même. Or, toute forme est longue à créer, et, sous sa main, le barbare en trouve une toute prête. D'un autre côté, l'habileté aux abois, et qui ne sait plus où s'exercer, s'accroche à toute inspiration qui lui promet quelque aliment. L'homme civilisé vit comme il peut de l'imagination du barbare, et, dans cette inextricable fusion, un art nouveau naît, se développe, éclate, où chacun aurait peine à reconnaître le sien, malgré l'arbitraire du nom qu'on lui donne.

Ainsi s'est produit ce que nous appelons l'art moderne, tout antique encore si on le regarde par un seul endroit.

Toujours est-il que, pendant la période dont nous nous occupons en ce moment, personne ne pourrait se refuser à admettre dans les productions de l'art la présence d'idées et d'affections toutes nouvelles. Manifestées déjà, suivant nous, précédemment, mais d'une manière peu visible, elles prennent maintenant un caractère frappant qui ne peut ne pas être aperçu. Le caprice et le drame, la fantaisie et la réalité vivent, dans les œuvres de la miniature de ce temps, d'une vie forte et progressive. Le livre de saint Jean et les romans de chevalerie, rendus populaires par l'écriture et le récit à un point qui étonne et que l'imprimerie n'a guère pu accroître, fournissent à l'art chrétien le merveilleux et l'action qui lui assurèrent une poésie et un mouvement particuliers; et, si ces deux grands éléments de l'art moderne répondaient aux plus hautes tendances de l'instinct artistique, ils les amenèrent encore, en agrandissant et en variant les thèmes ordinaires, à comprendre la nécessité d'une représentation plus fidèle et plus positive de la nature. Cette inclination précieuse pour les futurs progrès de l'art fut puissamment aidée d'ailleurs par un naïf entraînement vers l'histoire naturelle, fomenté par la vulgarisation toute récente des livres d'Aristote et l'amour de la chasse, une des plus grandes passions de ces temps pleins d'ardeur et de rudesse.

Parmi l'incroyable pêle-mêle de toutes ces imaginations bizarres et arbitraires d'animaux fantastiques, suggérées par les allégories apocalyptiques et les écrits fabuleux de la chevalerie, on distingue parfois des délinéations véritablement savantes, consciencieuses et supérieures à la science générale de l'époque. Dans les indications et le jet des draperies, on s'inspirait alors habituellement des sculptures inhérentes aux édifices antérieurs à l'époque gothique, moins barbares que les œuvres de la fresque et de la mosaïque : les attitudes, dont le vice est d'être violentées, réussissent parfois à n'être que gracieusement animées ; les proportions, dont le défaut est d'être d'une longueur absurde, arrivent quelquefois à n'être que délicieusement élancées; les mains et les pieds, trop petits, veulent devenir gracieux et fins ; les ajustements, trop étroits, veulent devenir savants et cherchent à exprimer la forme qu'ils recouvrent. L'ovale de la tête, la distribution des places principales, le caractère particulier des sourcils élevés et purs , des yeux largement ouverts , et des narines régulières et strictement attachées, ainsi que la finesse exquise de l'emboîtement des lèvres, peuvent certainement permettre de faire remonter au sentiment et aux efforts des ouvriers obscurs du onzième et du douzième siècle le choix et l'intelligence qui permirent plus tard à l'école florentine de réaliser les types de beauté qu'on pourrait appeler modernes, types tout-à-fait sympathiques, pleins d'originalité et d'allure, et qui, certes, comme impression, peuvent se soutenir avec avantage vis-à-vis des types de la beauté antique , plus généraux , plus monotones, plus réguliers. La présence d'observations douées de justesse sur la signification de maintes particularités de l'apparence physique, et que sont venus confirmer les travaux plus ou moins positifs et certains de nos systèmes actuels, ne doit pas non plus échapper dans l'examen de ces œuvres lointaines de l'art.

Le physiognomoniste et le cranologiste peuvent appuyer une partie de leurs assertions sur les aperçus naïfs de ces siècles. Enfin, pour faire comprendre l'ensemble de l'état de l'art d'alors, suivant qu'il nous a semblé, nous ajouterons que l'adoption du costume contemporain était devenue générale; les apôtres même en étaient revêtus. Puis, concurremment avec la technique délinéatoire, où la coloration est obtenue par une enluminure excessivement légère, d'une propreté et d'une transparence vraiment remarquables, s'exerce déjà une exécution toute différente : elle semble provenir des rapports établis avec les ateliers constantinopolitains par le mouvement des croisades. Cette exécution, qui a quelque chose de plus puissant et de plus solide, opérait avec la gouache et donnait un avant-goût des merveilles que réalisèrent plus tard, par le robuste emploi des couleurs pleines de corps et lumineuses, les écoles vénitienne et lombarde.

En France, l'agrandissement de plus en plus prononcé du pouvoir royal et des privilèges des villes et des corporations industrielles devait agir heureusement sur nos arts. Les encouragements et les études s'y élargirent. La fondation de l'Université, au douzième siècle, favorisa particulièrement l'exercice des miniaturistes. L'activité scolastique, dont Paris fut alors le principal centre, donna aux images une vogue immense; aucun livre ne pouvait se passer de cet ornement populaire (1).

En Angleterre, les violents désordres, durant la seconde moitié du douzième siècle et au commencement du treizième, ne favorisaient guère les arts; mais ils durent nécessairement fleurir un peu sous le règne d'Henri III, prince qui, malgré ses fautes et ses malheurs, se montra, à travers les vicissitudes de son long règne, leur protecteur intelligent. En conséquence, on trouve à la fois, dans certains monuments, la faiblesse et la décadence de la période précédente, et dans d'autres, au contraire, la plus excellente exécution, et, en outre, une beauté et une variété de tons qui ne sont alors égalées chez aucune autre nation. Les teintes rouges, brunes et vertes, sont particulièrement d'une finesse et d'une profondeur tout-à-fait remarquables; partout le travail est précis et délicat (2).

Dans les Pays-Bas, les arts fleurissent sous les règnes de princes d'un grand caractère, tels que les comtes de Flandre,

(1) Voir, à la Bibliothèque Nationale, un fragment d'une Bible in-fol. (mss. lat., n° 352); la Liturgie et la Chronique de la célèbre abbaye de Cluny, vol. in-fol de l'an 1188 (Saint-Martin, n° 35); à la Bibliothèque de l'Arsenal, un Livre d'Heures, petit in-fol. (théolog. lat., n° 165 B); et un manuscrit singulièrement précieux, dont les miniatures sont de la plus grande richesse et de la plus rare perfection; on y lit ces mots d'une écriture ancienne : « C'est le » Psautier à monseigneur saint Loys... lequel fut à sa mère. »

(2) Voir, à la Bibliothèque Nationale, une Bible, 2 vol. in-fol. (manusc. lat., n°s 58 et 56 B), de la seconde moitié du douzième siècle, surtout le premier vol.; une autre Bible, 2 vol. in-fol. (manusc. lat., n° 19 et 20), du commencement du treizième siècle; à la Bibliothèque Sainte-Geneviève, une Bible, 3 vol. in-fol., monument très saillant de la première moitié du treizième siècle, et qui, probablement, a appartenu à la cathédrale de Canterbury. Une notice qui se trouve à la fin commence ainsi : « Hanc byblyotecam (?) scripsit *Manerius*, scriptor *Cantuariensis.* » Plus loin il cherche encore à démontrer qu'il est né d'un mariage légitime et qu'il s'appelait proprement *Mainerus*. On voit que la personnalité de l'artiste se fait jour, et que cet habile ouvrier n'était point avare de renseignements sur son compte.

Diétrich et Philippe d'Alsace, le duc de Brabant, Henri Ier. Les villes s'enrichissent et fondent leur prospérité industrielle et leur éclat artistique. Dans la première moitié du treizième siècle, l'influence byzantine est remarquable; on peut l'expliquer facilement par l'occupation du trône impérial de Constantinople, de 1204 à 1261, par les comtes de Flandre (1).

En Allemagne, cette époque correspond au règne des grands empereurs de la maison des Hohenstaufen, et aux beaux jours où florissaient le *Minnesaenger*, les troubadours d'outre-Rhin. L'influence byzantine s'y fait sentir aussi, sans doute; mais beaucoup de traits prouvent qu'un art vraiment national et intime jetait alors chez ces peuples studieux des racines profondes. L'invention y est souvent libre et annonce le réveil d'un esprit original, bien qu'il apparaisse grossier et faible encore, surtout en comparaison de celui qui se manifeste dans la poésie contemporaine, arrivée déjà à un haut point de perfectionnement et de finesse (2).

Mais nulle part le mouvement de l'art, pendant cette époque, ne fut plus prononcé et plus grand qu'en Italie, où les républiques s'élevaient à un haut degré de liberté, de puissance et de richesse, encore inconnu ailleurs en Europe. Différentes miniatures, entre autres un Calendarium qui se trouve à la Bibliothèque du Vatican, à Rome, et dont on voit des dessins dans l'ouvrage de d'Agincourt (peint., pl. 67), prouvent que l'influence byzantine régnait également en Italie, au moins dans la seconde moitié du douzième siècle. Cette influence était même encore très générale pendant le treizième siècle, comme une foule de

(1) Voir, à la Bibliothèque Nationale, une traduction latine de l'historien Josèphe, grand in-fol. (Suppl. lat., n° 332). Dans quelques initiales se trouvent des représentations grotesques, comme, par exemple, un homme offrant une harpe à un âne, premiers traits de cette humeur plaisante dont les artistes flamands tireront plus tard un si grand parti dans leurs œuvres.

(2) Voir, à la Bibliothèque Nationale, un Pontifical de l'archevêque Chrestien Ier de Mayence, de 1183, petit in-fol. (manusc. lat., n° 946); un Psautier in-fol. du commencement du treizième siècle, exécuté à la gouache avec le plus grand soin (Oratoire, n° 32).

monuments le prouvent, et comme M. Rumohr l'a démontré dans ses *Recherches italiennes* (tom. Ier, pag. 282), avec toute la supériorité d'une critique savante. Plusieurs miniatures de cette époque confirment pleinement cette opinion (1).

De 1250 à 1350, il y a, sous beaucoup de rapports, des changements notables dans la peinture. Les tendances fantastiques et romantiques se développent de plus en plus. A côté des inspirations de l'Apocalypse s'introduisent peu à peu un grand nombre de sujets d'un mysticisme allégorique et emblématique, où toute la substance de la Bible est décomposée en tableaux mis en rapport tantôt entre eux, tantôt avec d'autres sujets profanes. De célèbres scolastiques mystiques, tels qu'Albert-le-Grand et saint Thomas-d'Aquin, doivent être considérés comme ayant exercé une puissante initiative sur le choix de tous ces thèmes pleins d'allusions. A côté des grandes séries de représentations mystiques et emblématiques, il s'en ouvre d'autres moins abondantes qui servent de catéchisme et d'instruction au peuple, telles que le Miroir du salut (*Speculum salvationis*), la Bible des pauvres, etc., etc. La légende des saints modernes, le roman, le poème épique et la chronique s'exploitent de front avec l'histoire biblique. La traduction des auteurs classiques, celle surtout des poètes dramatiques, tels que Sénèque et Térence, fournît de plus en plus aux artistes l'occasion d'exprimer à leur manière l'esprit dans lequel ces ouvrages ont été conçus et exécutés. Dans l'invention, les modèles antiques disparaissent de plus en plus; pour les sujets de l'histoire sainte comme pour ceux de l'histoire profane, pour les représentations du monde poétique comme pour celles de la vie réelle, tout est naïvement et franchement emprunté à l'époque contemporaine.

Dans les monuments des premiers temps de cette période, les miniaturistes empruntent tour à tour aux sculptures anté-gothiques et gothiques; mais bientôt après, les dernières prévalent

(1) Voyez, entre autres, un Nouveau-Testament à la Bibliothèque du Vatican, n° 39, et d'Agincourt (peint., p. 103, 12, pl. 101, 2).

et sont les seules qui soient consultées. Dès lors il s'établit dans le galbe de toutes ces figures élancées, raides et violentées du style anté-gothique, des mouvements ondulés et des contours ondoyants dont la forme d'un S très allongé exprimerait assez bien la physionomie. Les membres sont moins grêles, leur dessin moins défectueux. Les rotules et les gémeaux s'indiquent avec l'exagération nerveuse qu'on retrouve dans les figures des vases grecs de style *archaïstique*. L'ovale du masque se remplit mieux et prend plus de grâce. Pour vouloir rendre les doigts plus souples et plus élégants, on arrive à faire les mains beaucoup trop grandes. Aux observations typiques et conventionnelles se mêlent quelques aperçus particuliers et intimes. Bien que chaque tempérament ait, en quelque sorte, le chiffre qui l'exprime dans la forme convenue de quelque trait, comme un grand nez courbé pour rendre l'homme méchant, et la lèvre grimaçante et riant d'un rire forcé pour traduire la bassesse morale, on distingue évidemment quelque tentative de portrait. Avec une plus grande prétention d'atteindre à la souplesse et à la grâce, l'ornementation touffue et enroulée apparaît. Les encadrements sont ordinairement empruntés à l'architecture gothique; les coins en sont garnis de monstres fantastiques, qu'on loge aussi capricieusement jusque dans les lettres initiales.

Par le développement toujours croissant du pouvoir royal et l'établissement des états-généraux en France, Paris, comme capitale, acquit une importance de plus en plus grande, et devint décidément le centre des sciences et des arts, pour tout le royaume. Paris était si célèbre surtout par son école de miniaturistes, que Dante (1) en fait mention dans son grand poème; aussi les principaux ouvrages de ce genre, durant cette époque, appartiennent à Paris et à la France en général (2).

(1) *Purgatorio*, chant XI.

. . . . non se' tu Oderisi,
L'onor d'Agobbio e l'onor di *quel' arte*
Ch' alluminare è chiamata in Parisi?

(2) Nous avons examiné, à la Bibliothèque Nationale, les monuments suivants : une traduction française de l'Apocalypse (manusc. franç., n° 7013), vol. in-fol.,

L'Angleterre jeta dans ces temps les fondements de sa constitution, et accomplit les plus belles actions de sa vie chevaleresque; mais ses plus grands rois étaient trop occupés d'augmenter leur puissance militaire; la noblesse et le clergé poursuivaient trop exclusivement leurs buts ambitieux; la bourgeoisie, enfin, n'avait pas assez d'importance pour que les arts pussent prendre leur essor. Les monuments anglais, à la vérité peu nombreux, que nous connaissons de cette époque, sont inférieurs à ceux de toutes les autres nations, et ne montrent guère qu'une imitation grossière de la manière et du style de l'école française (1).

Pour les Pays-Bas, cette époque fut pleine de guerres et de troubles; mais dans le comte Guido et les ducs Jean Ier et Wenzel, la Flandre et le Brabant possédaient des princes éclairés qui

écrit vers 1250, et plein d'intérêt en ce qu'il montre parfaitement la transition entre le treizième et le quatorzième siècle; un manuscrit sur les miracles de la sainte Vierge, in-8° (manusc. franç., n° 7987), écrit vers 1266; un Psautier, grand in-8° (suppl. lat., n° 636), écrit vers 1300, très précieux et d'une grande richesse; la *Vie de saint Denis*, 3 vol. grand in-8° (manusc. lat., n°s 7953-55), ornés d'un grand nombre de miniatures, d'une grande finesse, et écrits sous Philippe V, dit *le Long*, qui régna de 1316 à 1322; les *Vœux du Paon*, poème français, grand in-8° (suppl. franç, n° 254, 19), achevé en 1340, comme il est dit p. 188, dans un poème où Jacques de Langhion de Loheraine se nomme comme auteur; le *Roman de la Rose*, in-fol. (manusc. franç., n° 6985), écrit en 1365, et, selon une notice de Flamel, secrétaire du roi Charles V, entrepris pour le frère du roi, le duc Jean de Berry, qui vivait de 1340 à 1406, et dont on voit à la fin le nom écrit de sa propre main. Les vignettes ne sont pas d'une grande finesse, mais les têtes sont pleines de physionomie et d'individualité.

(1) Voyez, à la Bibliothèque Nationale, la *Vie des Ermites*, petit in-fol. (manuscrit franç., n° 7331). Ce volume, qui date de la fin du treizième siècle, est écrit en français; mais la langue française, à cette époque, était très répandue en Angleterre, dans les Pays-Bas, à Naples, surtout dans les cours et parmi la noblesse. Dans tous ces pays on fit exécuter des manuscrits en langue française, et on se tromperait singulièrement si l'on attribuait à des artistes français tous les manuscrits qui existent dans leur langue. L'origine anglaise du manuscrit en question est indiquée par une vieille inscription qui se trouve sur l'avant-dernière page : « Cest livre est de Philippe de Coucy, duchesse Dirlande, » comtesse Doxenfodz, » et par une recette pour faire de l'eau-de-vie, qu'on lit sur la dernière page et qui est en vieux anglais.

aimaient les arts, et sous leur règne, les villes, par suite des priviléges antérieurement et nouvellement accordés, acquirent par le commerce et l'industrie une puissance et une richesse presque égales à celles des républiques italiennes; les conséquences heureuses qui en résultèrent sont faciles à remarquer. Les miniatures des Pays-Bas sont exécutées dans le style, les principes et les procédés de l'école française; cependant, elles se distinguent éminemment par la plus louable recherche de l'expression et des contrastes, et par une préoccupation plus grande de la couleur et de l'effet. La Bibliothèque Nationale de Paris ne possède pas de miniatures des Pays-Bas de cette époque; mais on en trouve à la Bibliothèque des anciens ducs de Bourgogne, à Bruxelles, entre autres, un Psautier, petit in-folio (n° 8070), écrit vers 1300.

Bien qu'à la même époque aussi les villes d'Allemagne aient augmenté leur importance et construit les admirables cathédrales gothiques de Cologne, de Strasbourg, de Fribourg, etc., on voit que les désordres et les troubles intérieurs paralysent l'essor de l'époque précédente et amènent une décadence dans l'art qui les empêche de faire en peinture des progrès aussi rapides que la plupart des autres nations de l'Europe. Les monuments germaniques de ce temps ressemblent bien, en général, aux monuments contemporains de la France et des Pays-Bas, mais ils leur sont très inférieurs sous le rapport de l'invention et sous celui de l'exécution (1).

En Italie, où les républiques sentaient chaque jour grandir leur prospérité et s'élargir leur avenir, on voit l'art byzantin se maintenir davantage. Jusqu'en 1300, ce n'est qu'à grand'peine qu'on trouve éparses quelques marques de l'influence du style gothique déjà régnant souverainement chez les autres peuples occidentaux. L'art byzantin sembla même se raviver dans les travaux de quelques maîtres vraiment dignes de ce nom par leur conviction, leur talent et leur caractère. Le Vasari nous a entre-

(1) Voyez le célèbre manuscrit des *Minnesaenger*, grand in-4°, de la fin du treizième siècle (Bibl. Nat., manusc. franç., n° 7266).

tenus de quelques uns d'eux, des Margaritone d'Arezzo, des Cimabuë, des Tafi, des Gaddi de Florence, des Duccio de Sienne, encore purement byzantins, mais donnant la main à l'art moderne qui, par leurs efforts consciencieux, va venir jeter quelque vie et quelque grace aux types traditionnels que leurs prédécesseurs leur avaient légués sous une forme immobile; mais, bientôt après, l'Italie se lance dans un mouvement parallèle à celui de la France et des Pays-Bas. L'influence byzantine cède, et des affections plus libres et plus originales se manifestent comme partout ailleurs en Occident; la peinture se retrempe dans l'observation et le sentiment de la réalité. La gouache devient d'un emploi général. Par les ressources qu'elle offre à l'ouvrier, cette exécution était plus en rapport que l'enluminure avec toutes les nécessités et toutes les difficultés de son travail, de plus en plus varié et ambitieux. Lorsque, durant le quatorzième siècle, les données gothiques dominèrent dans la sculpture et dans l'architecture, le génie énergique et inventif de Giotto imprima à la peinture une tendance nouvelle et toute particulière. Cette tendance, basée sur une étude plus libre de la nature, en empruntant à l'époque contemporaine tout le costume et l'accessoire, et en visant principalement au dramatique, avait bien, sous ces rapports, des points de ressemblance avec la manière qui s'était manifestée dans les autres écoles, et qui, dans quelques cas isolés, avait déjà fait apparition auparavant en Italie; mais elle surpassait cette dernière en clarté et en beauté par un caractère plus énergique, et cependant par une exagération moins grande dans l'expression des têtes, par un maniement plus gracieux et plus ingénieux des gestes; enfin, par un sentiment plus exquis des masses et des lignes de la composition. Dans les masques de ses personnages bien proportionnés, Giotto introduisit un nouveau type pour lequel des yeux étroits et longuement fendus, un nez long et droit et un menton étroit sont des traits caractéristiques. Le dessin des autres formes du corps est faible, et n'atteint la justesse que dans les indications les plus générales. Cette manière de Giotto fut adoptée dans la plus grande partie de l'Italie, quoique avec des nuances différentes, et régna pour ainsi dire sans rivale jusqu'à la fin de la période qui nous occupe (1).

Pendant la dernière moitié du quatorzième siècle s'opère la définitive transition de l'art conventionnel à l'art individuel. Le sentiment du vrai naturel amène celui du beau pittoresque. L'étude consciencieuse fournit la plus grande variété dans le champ des représentations profanes. Pour les personnages saints, une nouvelle espèce de type basé sur cette observation plus scrupuleuse de la nature s'établit. On ne peut méconnaître dans ce type l'effort d'atteindre à la beauté, à la douceur et à la pureté intellectuelle. L'ovale, dans son ensemble et dans ses différentes parties, est d'une grande finesse; les nez sont ordinairement droits chez les femmes, et légèrement courbés chez les hommes.

(1) Voyez, à la Bibliothèque Nationale, le manuscrit très riche et très beau d'un Psautier, volume in-fol. (suppl. franç., n° 1132 bis), qui montre d'une façon frappante à quel point les miniatures de cette époque ressemblent aux grands monuments contemporains. La peinture à la gouache est d'une sûreté et d'une délicatesse admirables, et ses produits, protégés par un vernis d'un éclat suave, sont d'une conservation excellente. Deux hommes ont dû concourir à l'exécution de ces ouvrages. A partir de la p. 72 B jusqu'à la p. 174, les miniatures sont faites d'une main plus libre et plus originale ; on y reconnaît la manière giottesque avec les changements qu'avait introduits Simon Memmi de Sienne. Voyez encore un manuscrit du roman Tristan, dans le style giottesque, écrit en français, dans la seconde moitié du treizième siècle, et entrepris par les ordres de la cour Angevine de Naples ; un *Miroir du salut* (Speculum salvationis), petit in-fol. (Bibl. de l'Arsenal, manusc. théolog., n° 384), exécuté, selon la préface, en 1324, dans la manière florentine, et rappelant à plusieurs égards les tableaux de Taddeo Gaddi, élève principal de Giotto. Ce volume contient cent soixante miniatures qui se distinguent par la simplicité et la noblesse de la composition, par une foule de motifs gracieux, par les mouvements heureux des mains et des pieds, par la précision et la fermeté du travail. Voyez également à la Bibliothèque Nationale, une Bible, petit in-fol. (suppl. franç., n° 632 bis), qui rappelle l'école de Sienne, et notamment Simon Memmi ; une Charte de fondation de l'ordre du Saint-Esprit, par le roi Louis de Sicile, in-fol. (La Vallière, n° 36 bis) écrite en français et ornée de très belles miniatures dans le style giottesque qui, comme ce monument le prouve, avait même pénétré en Sicile vers la fin de cette époque ; les *OEuvres de saint Thomas d'Aquin*, en italien, de la première moitié du quatorzième siècle, in-fol. (fonds Régent, n° 6241); un livre d'Heures, petit in-fol. (suppl. lat., n° 132), moitié en latin, moitié en italien, du dialecte vénitien, exécuté à peu près vers 1400, et intéressant en ce qu'il donne une idée de l'état de la peinture contemporaine à Venise.

L'expression des têtes, surtout pour les personnages profanes qui présentent une variété plus grande, est souvent vraie et heureuse. Les figures, il est vrai, conservent encore leurs proportions élancées ; mais les attitudes tourmentées et agitées se tempèrent singulièrement, et prennent même souvent un caractère parfaitement tranquille. Le dessin du nu est encore maigre et faible; les pieds surtout sont généralement trop petits; cependant les mains ont souvent des mouvements pleins de finesse. Dans les costumes, le principe pittoresque l'emporte maintenant sur le principe sculptural qui prédominait auparavant.

Les plis s'écrivent désormais sous leur véritable aspect de souplesse et de mobilité. Les dessins, naguère arrêtés à la plume et sèchement coloriés, se transforment peu à peu en tableaux pleins d'harmonie et uniquement exécutés au pinceau. Les fonds dorés ou compartis en échiquier sont remplacés d'abord, par les artistes flamands naturellement enclins au paysage, par l'indication de la localité, indication où se montrent enfin les premiers essais de la perspective linéaire et aérienne. A l'exception du vermillon et du bleu entier qu'on trouve encore souvent, les couleurs sont transparentes et délicatement rompues. L'exécution en grisaille devient populaire.

En France et dans les Pays-Bas, les miniaturistes continuent leur progrès sous la protection particulière qu'ils trouvent chez les trois fils du roi Jean de France, Charles V, roi de France; Jean, duc de Berri, et Philippe-le-Hardi, duc de Bourgogne et souverain de la Belgique actuelle. Les sommes que ces trois amis zélés de la littérature consacrèrent à l'exécution des manuscrits ornés de miniatures sont très considérables pour le temps. Les relations entre la France et les Pays-Bas étaient, à cette époque, tellement fréquentes, que les artistes de ces deux pays peignaient souvent en commun. Jean de Bruges est notamment cité comme premier peintre du roi Charles V. Les miniatures flamandes et françaises, à quelques points près, se ressemblent fort. Nous donnons cependant le premier rang aux œuvres flamandes qui se distinguent par une abondance plus grande d'inventions originales, par la variété et la physionomie des têtes, par la grace des mouvements, et par leurs emprunts de plus en plus heureux et hardis à la vie de tous les jours et aux contrastes de tristesse et de gaîté, de beauté et de laideur, d'activité et de repos qu'elles présentent; leur coloris est clair, animé et pourtant harmonieux; l'exécution, toujours précise, est en même temps fortement empâtée; tantôt finement achevée, tantôt plus largement esquissée et harmonieusement fondue. Chez les Français, l'invention est moins riche, les têtes sont moins vivantes et souvent conçues dans un esprit de routine qui ne permet pas aux artistes d'en différencier assez les traits. Les miniaturistes français donnent alors à leurs personnages ce nez démesurément long, d'une forme disgracieuse, et dont on n'explique pas l'adoption pleine d'entêtement dans ce temps où, en toutes choses, on cherchait à progresser, à mieux voir et à mieux faire. Leurs motifs sont pleins de grace, mais assez monotones; leur coloris froid et sans aucune splendeur; leur exécution timide et peu nourrie; mais, en revanche, d'une finesse et d'une délicatesse dont on ne peut guère se faire idée en dehors de la présence de leurs résultats. Faut-il expliquer cette infériorité des artistes français dans cette phase encore très honorable cependant pour notre école, par quelque préoccupation artistique dont la trace nous échappe, ou par la différence d'état où se trouvaient les deux pays : la Flandre florissant d'un côté, riche et reposée, la France se débattant dans les désastres de l'invasion anglaise (1)?

(1) Voyez, à la Bibliothèque Nationale, une *Bible ystoriée*, in-fol. (manusc. franç., n° 6829 bis), ornée de cinq mille cent vingt-quatre vignettes d'un travail précieux, et exécutée en 1361; immense recueil de petits tableaux religieux, qui a appartenu à Philippe-le-Hardi; et un Bréviaire, 2 vol. in-8° (suppl. lat., n° 700), écrit vers 1380. Selon une notice de Flameel, secrétaire de Charles VI, celui-ci fit présent de ce manuscrit au roi Richard II d'Angleterre; mais, après la mort de Richard, son successeur, Henri IV d'Angleterre, le donna à son oncle, le duc Jean de Berri, qui le transmit enfin à sa nièce, la nonne Marie de France. Les vignettes sont exécutées avec la plus grande finesse et ont beaucoup de ressemblance avec celles de la Bible historiée dont nous avons parlé tout à l'heure. Le monument principal de la peinture néerlandaise de cette époque est un volume in-fol. (manusc. franç., n° 8392), qui renferme une tra-

Les miniatures d'Angleterre et d'Allemagne, pendant cette époque, sont des imitations de celles de la France et des Pays-Bas.

Quant à l'Italie, la marche de la peinture y est différente. Le style giottesque y reste encore dominant. Cependant, soit sous le rapport de la conception, soit sous celui de l'étude de la nature, on voit apparaître quelques tendances plus avancées; elles sont surtout représentées à Florence par l'Orcagna. A Sienne, Taddeo di Bartolo réussit à rajeunir les types primitifs de l'art chrétien sous la forme giottesque, et à donner à ses têtes l'expression d'une profonde piété. A Padoue, Jacopo d'Avenzo, heureux aussi dans l'expression, améliore le dessin de l'ensemble, et traite avec plus de soin les fonds d'architecture. Les miniatures italiennes de cette époque portent le même caractère que les grandes peintures contemporaines à fresque et en détrempe (1). Vasari nous apprend que les Camaldules du couvent des Anges, livrés à

duction française des voyages de Marco-Polo et de six autres voyageurs célèbres de cette époque. Il a été exécuté sous le règne de Philippe-le-Hardi, dont le portrait se trouve sur la page 226.

Pour se faire une idée de la miniature en France, voyez, à la Bibliothèque Nationale, un *Rational des divins offices*, petit in-fol.(manusc. franç., n° 7031), exécuté en 1374 pour le roi Charles V; un ouvrage allégorique du *Roi Modus et de la Reine Ratio*, in-fol. (manusc. franç., n° 632, 12), portant à la fin la date de 1379; un Psautier, petit in-fol. (suppl. franç., n° 2015), entrepris par les ordres du duc Jean de Berri; et un livre d'Heures, in-8° (La Vallière, n° 127), qui a aussi appartenu à ce prince. Un grand nombre de miniatures, dans ces deux manuscrits, sont de la main de *maître André Beauneveu*, d'autres trahissent l'intervention de peintres néerlandais; presque toutes sont d'une finesse inouïe. Un autre livre d'Heures, in-fol. (manusc. lat., n° 919), également entrepris par les ordres du duc Jean de Berri, et, d'après une notice de Flamcel, achevé en 1409, est encore plus magnifique par la richesse de ses encadrements. M. le comte de Bastard croit que ce manuscrit est le livre d'Heures cité dans un vieux catalogue de 1412, publié par Barrois, sous le n° 586 et sous ce titre : « Très grandes, très belles et riches Heures, très notablement » enluminées et historiées de grandes histoires de la main de Jaquevrart, de » Hodin, et autres ouvriers de monseigneur. »

(1) Il y a dans la Bibliothèque canonicale de Pérouse un manuscrit (n° 43) de la première moitié du quinzième siècle, dont les miniatures ont certainement été peintes sous l'influence de Taddée Bartolo. Voir surtout le Jugement dernier et le Massacre des Innocents. *Rumohr*, vol. I, p. 312.

la culture de l'art dès les premiers temps de leur fondation, réalisaient au quatorzième siècle d'importants ouvrages célèbres en Italie. Don Silvestre et Don Jacopo le Florentin s'y signalèrent particulièrement. La Bibliothèque laurentienne conserve un des vingt volumes qu'ils léguèrent à leurs frères. Young Ottley, à Londres, possède une série de lettres majuscules qui proviennent d'un livre de plain-chant que Don Silvestre a exécuté en 1350 pour le monastère degli Angeli. Saint-Pierre de Rome possédait jadis deux livres de chœur écrits et peints par Don Silvestre et Don Jacopo; il y en avait aussi à Venise dans le couvent des Camaldules de l'île de Saint-Michel près Murano, d'après ce que raconte Vasari. La Bibliothèque Nationale de Paris ne possède, au moins à notre connaissance, qu'un seul manuscrit important, orné de miniatures italiennes de cette époque : c'est une Bible historiée (mss. franç., n° 6829) qui sort probablement de la bibliothèque de Philippe-le-Hardi, duc de Bourgogne; le texte est français. Les miniatures des trente-deux premières pages ont tous les caractères de l'art italien, et rappellent à quelques égards les ouvrages de Spinello d'Arezzo; sous d'autres rapports, ceux des premiers temps de Gentile da Fabriano : elles appartiennent par conséquent à la fin du quatorzième siècle. Les autres miniatures, dont le nombre total se monte à peu près à cinq mille, sont de différentes mains et d'un mérite inégal (1).

Maintenant nous arrivons aux premières limites du quinzième siècle; époque à jamais mémorable, et que toutes les nations de l'Europe marquèrent par les travaux les plus consciencieux et les plus ardentes recherches. Une confiance que rien encore n'était venu ni traverser, ni amortir, soutenait tous les courages, répondait à tous les espoirs, et une naïveté que rien encore n'avait pu diminuer ni pervertir écartait les folles concurrences, bridait les vanités pernicieuses. Appuyés sur les fortes bases de l'enthou-

(1) Voyez les dessins de ce riche manuscrit chez *Camus*, Notices et extraits de la Bibliothèque Nationale, vol. VI, p. 106.

siasme et du sang-froid, de l'inspiration et de la patience, de la conviction et de la modestie, les artistes de l'Occident allaient dans tous les arts à la fois enfanter des merveilles, avant-coureurs des plus grands progrès et leurs premiers gages. Sur le mouvement particulier de la peinture à cette noble époque, il y aurait beaucoup à dire. Nous en essaierons quelque chose plus tard. Pour accompagner notre revue des principaux documents de l'histoire de la miniature, il doit nous suffire ici d'indiquer que l'effort des hommes les plus habiles dans cette branche de la peinture parvint au quinzième siècle à substituer sans retour, et d'une manière aussi heureuse que décisive, le réalisme moderne au symbolisme antique. Ils tirèrent du chaos des siècles précédents tous les germes de vérité, d'expression, de grace et de mouvement que nous avons cherché à y signaler à travers la confusion et les ténèbres de cette longue barbarie, où l'art aveugle et débile ne se reposa cependant jamais. Nous n'ignorons pas que ces artistes sont accusés aujourd'hui d'avoir ouvert à l'art, longtemps comprimé, une voie mauvaise : ce n'est donc pas sans être avertis que nous les regardons néanmoins comme ses bienfaiteurs. Nous chercherons bientôt à exposer tout ce qui sanctionne et légitime la révolution qu'ils opèrent. Mais ici nous nous bornerons à marquer les moyens par lesquels ils y travaillèrent. Les maîtres de l'art antique, dominés par les exigences et les inspirations de l'anthropomorphisme primitif, tournent toutes leurs manifestations à l'aspect tyrannique, à la beauté simple, au galbe balancé, à la ligne stricte, à l'expression retenue. La souffrance et la volupté, la force et la mollesse, l'enfance et la vieillesse, la beauté et la laideur, tous les termes extrêmes enfin sont ramenés arbitrairement et suivant des canons constants et une physionomie moyenne, physionomie arbitraire qui laisse vaguement flotter l'impression. La moindre nuance, le plus léger accent suffisent aux maîtres antiques pour spécifier leurs représentations; quant au caractère et quant au mouvement et à la coordination, le moindre calcul les satisfait; la longueur processionnelle du bas-relief ne laisse rien à désirer à l'art antique, et toutes les combinaisons peuvent y habiter. Les maîtres de l'art moderne travaillent autrement ; nourris dans des dogmes non moins obscurs sans doute, mais plus sympathiques et plus larges, ils se jettent franchement à la poursuite de toutes les réalités du monde extérieur. L'impression qu'ils en reçoivent ne cherche pas à s'amoindrir dans l'expression qu'ils en donnent. Le réel, pour eux, c'est le beau. Mais à travers leur œil sympathique, leur intelligence indépendante et leur cœur fraternel, toute réalité se colore de ce qui doit la relever, l'ennoblir au degré convenable, et si de sa nature elle résiste aux puissants réactifs que l'artiste porte en soi, il n'en vient pas moins sûrement à bout dans son œuvre, en l'y plaçant comme contraste. Les maîtres de l'art moderne cherchent donc l'apparence individuelle et non l'apparence générale, l'expression particulière et non l'expression typique, la beauté vivante et non la beauté idéale.

Cette distinction faite, nous reprenons, pour en finir, l'examen des productions de la miniature. L'Italie et les Pays-Bas, vers le commencement du quinzième siècle, pouvaient être regardés comme les deux centres principaux des arts en Europe. Les travaux des miniaturistes y attestaient une perfection merveilleuse. Les procédés matériels, sans subir de transformations notables, furent judicieusement améliorés. La peinture à la gouache préluda à toutes les recherches et à tous les résultats qui, un peu plus tard, allaient échoir à la pratique longtemps négligée de la peinture à l'huile.

Hubert Van-Eyck (né en 1360, mort en 1426) et Jean Van-Eyck (mort en 1445), formés, selon toute apparence, dans l'école des excellents peintres en miniature de l'époque précédente, trouvèrent moyen de rendre, avec la plus saisissante vérité, la forme et la couleur de tous les objets, et d'atteindre, dans la représentation de la localité, une exactitude jusque-là inconnue. Ces éminents talents des frères Van-Eyck, acquis par les études les plus assidues et les plus approfondies de la nature, et soutenus par l'emploi et le perfectionnement d'une technique nouvelle, ne déterminèrent pas seulement la tendance artistique de leur pays pendant toute cette époque, mais exercèrent encore une influence plus ou moins grande sur toutes les autres nations qui cultivèrent la peinture. En outre, leur art le plus spécial, la miniature, fut particulièrement favorisé par la prédilection de leur protecteur et de leur souverain, le duc de Bourgogne. Ce prince fit écrire un tel nombre de livres que, selon le témoignage de David Aubert, il possédait déjà, en 1443, la bibliothèque la plus belle et la plus riche de l'Europe, et qu'il laissa, à la seule ville de Bruges, 935 volumes. Beaucoup de seigneurs néerlandais suivirent son exemple. Louis de Bruges, seigneur de Gruthuysen (mort en 1492), entre autres, rassembla une excellente bibliothèque avec beaucoup de manuscrits ornés de miniatures. La masse de ces ouvrages est immense, un grand nombre en est très remarquable.

La Bibliothèque Nationale possède le monument le plus important et le plus beau que nous connaissions de la première moitié du quinzième siècle : c'est le *Bréviaire du duc de Bedford*, régent de France, qui entretenait des relations très suivies avec les Pays-Bas, où florissaient alors les frères Van-Eyck, et qui épousa en 1423 Anne, sœur de Philippe-le-Bon. Ce manuscrit précieux forme un volume in-8° (mss. lat. n° 82), et fut achevé en 1424, ainsi qu'il résulte de l'inscription suivante qu'on trouve sur la seconde page du calendrier : *Anno Domini millesimo quadringentesimo vicesimo quarto. Et fuit latera dominicalis, amen.* Ce volume contient quarante-cinq tableaux qui occupent chacun à peu près le tiers d'une page ; sur chaque page, il y a en outre quatre tableaux plus petits, dont deux, ordinairement cintrés, sont placés sur la marge latérale, et les deux autres, ordinairement ronds, sur la marge inférieure. « La plupart de ces tableaux, dit Waagen (1), respirent tellement l'esprit des deux frères Van-Eyck, et présentent surtout une affinité si étroite avec le fameux tableau d'autel exécuté par ces artistes, à peu près de 1420 à 1432, conséquemment à la même époque pour la cathédrale de

(1) Waagen, vol. III, 352 et suiv. On doit aussi à M. Waagen un ouvrage intéressant sur les deux frères Van-Eyck : *Über Hubert und Johann Van-Eyck*, Breslau, 1822.

Gand, et dont le musée de Berlin possède les volets, que nous n'hésitons point à croire que les deux frères Van-Eyck en soient les auteurs. Cependant on y reconnaît aussi positivement trois mains différentes. L'une de ces mains se distingue par une grande délicatesse dans les teintes de la chair, ainsi que par la transparence et l'harmonie extraordinaire d'un coloris fortement accentué. L'exécution paraît bien plus finie qu'elle ne l'est réellement, quand on la regarde de près, et annonce, par son extrême aisance, un artiste habitué à travailler dans des dimensions plus grandes, et à ébaucher, par conséquent, avec une certaine largeur. Les têtes sont d'un caractère original, mais elles se répètent quelque peu ; les proportions ont une tendance à se faire courtes ; les draperies, étudiées avec soin, sont grandement et amplement motivées, mais quelquefois durement et arbitrairement cassées. Comme beaucoup de détails dans les compositions et dans les mouvements des figures rappellent les parties du tableau de Gand qu'on attribue à Hubert Van-Eyck, je suis très disposé à mettre sur le compte de cet artiste les tableaux dus à cette première main. La seconde main fait voir une plus grande précision dans tous les détails, une variété bien plus intime dans les caractères, une vivacité plus remarquable dans les expressions, une plus grande élégance dans les proportions, et plus de simplicité et de pureté dans les draperies. L'exécution, au contraire, est plus minutieuse, et l'effet total, par conséquent, moins suave et moins pittoresque. Comme il y a une grande concordance, tant avec les parties du tableau de Gand, exécutées probablement par Jean Van-Eyck, qu'avec d'autres peintures de cet artiste, on pourrait attribuer les tableaux provenant de cette seconde main à Jean Van-Eyck. La troisième main, quoique toujours fort savante, est cependant d'une habileté bien inférieure ; et comme, d'après le témoignage de Van-Mander, Marguerite Van-Eyck, sœur de ces deux artistes, a également cultivé la peinture, la supposition qu'elle ait prêté son aide à l'exécution de ce précieux livre n'a rien d'invraisemblable. »

Un riche particulier anglais à Liverpool, sir John Gobin, est propriétaire d'un célèbre missel, connu sous le nom de *Bedford's Missel*, parce qu'il a été fait pour le duc de Bedford entre 1423 et 1431. Ce missel, écrit sur 284 feuilles de parchemin, est orné de 59 grandes miniatures, et d'environ mille miniatures de plus petite dimension. C'est sans contredit un des monuments les plus remarquables qu'ait produits cette époque si riche en œuvres d'art. Mais suivant Waagen, la plupart de ces miniatures n'appartiennent pas à la plus belle époque de l'activité des Van-Eyck; elles forment plutôt une transition de la première manière encore conventionnelle et typique à la seconde manière plus naturelle et plus artistique de ces maîtres. Dibdin (1) parle de ce missel avec les plus grands éloges ; mais il faut se défier de l'admiration du savant critique. Si dans son zèle tout patriotique, il prétend que le *Bedford's Missel* à Liverpool, surpasse de beaucoup le bréviaire du duc de Bedford à la Bibliothèque Nationale, il se trompe certainement. M. Waagen, juge fort compétent et fort impartial dans cette question, assure que les miniatures de ce bréviaire sont, pour la finesse et la beauté, bien supérieures à celles du *Bedford's Missel*. Les auteurs insulaires ont, en général, une indulgence et une admiration exagérées pour tout ce que possède l'Angleterre en œuvres d'art.

Pour se faire une idée de la hauteur à laquelle l'art de la miniature était arrivé dans la dernière moitié du quinzième siècle, par l'influence des Van-Eyck, et jusqu'à quel point ces artistes avaient communiqué leur esprit et leur manière à leurs élèves et à leurs émules, il faut voir la légende de sainte Catherine d'Alexandrie (2), traduite du latin en françois par le duc Philippe-le-Bon, « *par Jo Mielot, le moindre des secrétaires d'icelluy seigneur, l'an de grâce mille quatre cent cinquante sept.* » C'est

(1) Dibdin, *A biographical Tour*, tom. III, p. 177. Le même auteur a publié des dessins d'après quelques miniatures du *Bedford's Missel*, dans son *Decameron bibliographique*, tom. I, p. 138, et dans ses *Reminiscences of a litterary life*, tom. II, p. 973.

(2) Cité dans le Catalogue des livres de Philippe-le-Bon, chez Barrois, p. 179, sous le n° 1212.

un volume in-fol. (suppl. franç. n° 540, 2), orné de 34 miniatures peintes en grisaille par les plus habiles continuateurs de l'école de Van-Eyck.

A la Bibliothèque de l'Arsenal, un manuscrit en deux volumes in-fol., renfermant des traductions françaises des histoires de Justin, de Suétone et de Lucain, et, à en juger d'après les armoiries, également exécuté pour Philippe-le-Bon, en 1454, est remarquable à cause de la grande naïveté avec laquelle tous les sujets des tableaux ont été traités comme des scènes du milieu contemporain de l'artiste. Le premier volume contient trente et une miniatures, le second vingt-quatre; chacune de ces miniatures occupe à peu près les deux tiers d'une page, et elles semblent appartenir à une main fort habile de l'école des Van-Eyck.

Le bréviaire de Grimani, à la Bibliothèque de Saint-Marc, à Venise, est une des plus incontestables et des plus importantes productions de cette vieille école de Flandre. Hemmling de Bruges, Gérard de Gand et Livien d'Anvers (1) en sont les auteurs. On croit reconnaître la main du premier dans les miniatures qui représentent les douze mois de l'année avec les occupations particulières à chaque saison, et qui sont surtout remarquables pour la poésie et la vérité des détails, la beauté et la vérité des types, le rendu de l'exécution, l'harmonie et le charme du coloris.

Parmi les nations romanes, les Italiens surpassèrent en aptitude et en habileté artistiques tous les autres peuples de la même origine, et les devancèrent tout autant que les Néerlandais se distinguèrent parmi les nations germaniques. Les églises, les princes, et les municipalités de l'Italie si florissantes alors, rivalisèrent dans la protection des sciences et des beaux-arts; mais surtout Florence se signala sous ces deux rapports, et à Florence la maison des Médicis. Dans un terrain si propice se dévelop-

(1) Les noms des trois artistes qui travaillèrent à ce bréviaire se trouvent dans la notice de l'*Anonyme du seizième siècle*, publiée pour la première fois en 1800, par *Morelli*, Bassano, in-8° (voir p. 78 et note 139).

pèrent vite les plus beaux talents qui firent faire à l'art des progrès rapides. Paul Uccello, avec le secours d'Euclyde, découvrit et appliqua les lois de la perspective linéaire ; Masaccio, par une étude plus habile de la lumière et des ombres, apprit à donner de la puissance et du relief aux formes , de la sobriété et de la précision à l'ordonnance générale; Fiesole reconnut le premier la signification morale des traits de la face humaine dans leurs nombreuses variétés et leurs finesses extrêmes, et s'en servit de la manière la plus heureuse pour exprimer sa pensée avec élévation et clarté. Les tableaux de l'école de Van-Eyck vinrent donner aux artistes florentins l'idée d'un coloris plus vigoureux et plus riche; Lippi charma les yeux de ses contemporains par la fraîcheur et la vérité des paysages qui servent de fond au plus grand nombre de ses tableaux ; enfin Baldovinetti fit entrer dans ses ouvrages les objets les plus divers , les accessoires les plus nombreux ; par lui et les efforts de plusieurs artistes de second ordre qui se donnèrent à toutes sortes d'essais curieux et méritants , le champ des représentations de la peinture s'élargit et finit par comprendre tout le domaine du visible.

La miniature suivit la même marche progressive que la grande peinture , et le caractère de cette dernière se retrouve , bien qu'à un moindre degré, dans les productions des peintres en miniature, dont le talent rencontra ainsi un vaste champ pour s'exercer dans le grand nombre de manuscrits qu'on fit faire à cette époque. Les formes, quoique dessinées d'une manière défectueuse , ont néanmoins déjà souvent une certaine ampleur qui tend au plus beau caractère et à la plus haute idéalité ; la vie est répandue jusqu'à un certain point dans les physionomies, dans les attitudes, dans les airs de têtes ; il y a des essais heureux de perspective et de raccourcis nouveaux. Le jet des draperies est simplement , mais noblement motivé ; le coloris est moins harmonieux, moins vigoureux, moins vrai que celui des Pays-Bas ; le modelé et la science du clair-obscur sont particulièrement inférieurs. Pendant la première moitié du quinzième siècle, les fonds sont encore généralement en or ou en compartiments coloriés; les fabriques sont gothiques et les initiales dans le même goût. Plus tard, ce goût est remplacé par une imitation libre des édifices et des ornements antiques que nous voyons attribués dans tous les accessoires, sur les marges comme dans les initiales.

Le Vasari ne parle pas de la plupart des peintres miniaturistes du quinzième siècle ; cependant, d'après tout ce qui subsiste d'eux, on doit croire que leur nombre fut considérable. Le roi de Hongrie, Mathias Corvin, en occupait une trentaine à Florence, où il fit exécuter toute une série des plus riches monuments de ce genre.

Deux miniaturistes acquirent surtout une grande réputation dans ce temps, si nous en croyons le Vasari, Gherardo et Attavanti, tous deux florentins. Le premier était un homme très fécond : outre ce qu'il envoyait en pays étranger, il illustra *une infinité de livres* (1) pour l'église de l'hôpital de Sainte-Marie et pour la cathédrale. Son rival, Attavanti, ne fut pas si productif ; mais les monuments qu'on voit de lui, dans les bibliothèques, à Rome, à Venise et à Bruxelles, témoignent de son beau talent, et ont un prix d'autant plus grand que le Vasari signale déjà leur rareté. La Bibliothèque de Saint-Marc, à Venise, possède un manuscrit de l'ouvrage de Marcianus Capella, sur lequel Attavanti (dont le nom est écrit en tête du volume) a représenté divers sujets analogues au texte, comme les sept Arts libéraux, l'Assemblée des Dieux, etc. Les marges sont ornées d'arabesques les plus élégantes, composées de feuillages d'or, de fleurs, de camées antiques, de médaillons, de mascarons, de perles, de pierres précieuses, etc., d'un goût et d'une beauté d'exécution qui étonnent. Un autre ouvrage authentique d'Attavanti, est un missel écrit pour le roi Mathias Corvin de Hongrie, qu'on voit maintenant à la Bibliothèque des anciens ducs de Bourgogne, à Bruxelles ; il est décoré de riches miniatures de la plus grande beauté, et sur le frontispice de ce magnifique manuscrit on lit l'inscription suivante : *Actavantes de Ac-*

(1) *Un' infinita di libri.* — Vasari. *Vita di Gherardo.*

tavantibus de Florentia hoc opus illuminavit. A. D. MCCCCLXXXV.

Il est probable que le bréviaire de l'évêque de Gran, qui est à la Bibliothèque Nationale (1), a été également illustré par Attavanti. Ce volume in-folio renferme d'admirables miniatures évidemment florentines, elles sont exécutées à la gouache avec un grand soin, et rappellent particulièrement le style des peintures de Dominico Ghirlandajo.

Dans la Lombardie, à Milan, l'art de la miniature trouva des protecteurs puissants, d'abord dans les Visconti, et plus tard dans les Sforza, et le maître Girolamo, cité avec tant d'éloges par le Vasari, s'y distingua dans cette branche de la peinture, en même temps qu'Attavanti. Il y a dans la Bibliothèque Nationale un manuscrit (mss. franç., n° 9941) de la fin du quinzième siècle, contenant la biographie du célèbre Francesco Sforza, et écrit en dialecte milanais par Bartolommeo Gambagnola de Crémone (2), sur la commande du marquis Sthange, sécrétaire ducal. Quelques unes de ces miniatures, par exemple celle qui forme le frontispice de l'ouvrage et celle qui est en tête de la préface, ont certainement été peintes sous l'influence de Léonard de Vinci. Waagen va plus loin, et prétend que ces deux miniatures, qu'on peut à juste titre appeler des chefs-d'œuvre, ont été exécutées d'après les dessins de ce maître. Le coloris d'une rare beauté, l'exécution d'une aisance et d'une perfection merveilleuses annoncent un grand artiste, et nous nous rangeons volontiers à l'avis de Waagen, qui attribue ces peintures à Girolamo.

Les graves désordres et les longs malheurs qui affligèrent la France pendant la guerre avec les Anglais ne durent pas être favorables à la culture des arts; cependant les manuscrits illustrés par les artistes français durant cette lamentable période sont encore assez nombreux et assez méritants pour placer notre art na-

(1) Suppl. lat., n° 267.

(2) Voici l'inscription placée à la fin du volume: *Barthol. Gambagnola Cremon. scripsit mandato Magnifici Domini Marchesini Stanghe, ducalis secretarii. Die vicesimo septembr. MCCCCLXXXX primo.* Au-dessous on lit: *De Pavye au Roy Loys XII.*

tional, en cette partie, à la hauteur de l'art italien et néerlandais.

La Bibliothèque Nationale peut produire une riche et abondante série de miniatures exécutées chez nous pendant le quinzième siècle; et ces documents, trop peu connus, de l'histoire de notre génie artistique, déposent de la haute valeur de nos ateliers dans l'ensemble des progrès européens.

Les miniatures françaises d'alors ont un caractère particulier qui les distingue; dans leurs beautés, leur signification et leur style, elles dépassent les écoles rivales, autant qu'elles ne les atteignent pas dans leurs faiblesses, leurs lacunes et leurs moyens.

Les miniaturistes français, conduits par un sentiment plus élevé et un goût plus pur, sont moins versés que les miniaturistes des Pays-Pas dans l'imitation de la nature et de la réalité. Ils rendent l'objet avec moins de force et d'intensité matérielles, mais ils le disposent et le choisissent avec plus de grace et d'intelligence.

Les Flamands ont plus de ressort et de vie, mais leurs intentions sont moindres, leurs allusions plus grossières, leurs formes moins fines, leur choix plus bas, leurs ajustements plus lourds, leur ornementation moins ingénieuse et moins noble.

Les Français, moins savants dans les attaches anatomiques et dans les mouvements de l'armature humaine que les Italiens, les surpassent de beaucoup dans la coloration et la science de l'effet, de la perspective, et dans l'expression des phénomènes, si difficiles à rendre, du monde aérien. Combien, en effet, n'avons-nous pas eu chez nous de paysagistes admirables engagés dans ce grand travail de l'illustration des manuscrits du quinzième siècle! Combien n'avons-nous pas eu de penseurs et de poètes, de cœurs chauds et d'ames mélancoliques dépensés pieusement en ces modestes travaux, et consumés héroïquement dans cet immense recueil de petits ouvrages, que nos distractions actuelles, aussi ingrates qu'inintelligentes, dédaignent regrettablement pour leur gloire et notre profit!

On ne saurait trop le dire: maintenant qu'on se flatte de revenir contre tant de préjugés, il serait bien désirable que la jeunesse des artistes se prît à étudier ces véritables, ces sincères, ces intimes origines de notre art national.

L'originalité, après laquelle nous courons à l'envi, et que nous demandons follement à toutes les importations du terroir étranger, nous en avons la source chez nous, dans l'héritage mal connu du génie de nos pères. Tant que nous négligerons de nous y abreuver, nous ne serons que des imitateurs.

C'est dans ce vieux fonds national que nous devons chercher, pour les féconder par l'augmentation de nos ressources, l'amélioration de nos procédés, les germes de poésie et les éléments de beauté qui sont particuliers à notre tempérament, à notre esprit, à notre goût.

Comme il est impossible de ne pas reconnaître que les ouvrages des miniaturistes français au quinzième siècle ont dû refléter les affections, le goût et la science des grandes peintures entreprises chez nous à cette époque, ils acquièrent une grande importance pour l'histoire générale de l'école française. Ils suffiraient à eux seuls pour établir que, dès cette époque, notre école avait déjà atteint à un remarquable état d'avancement et d'études. Dès 1460, en effet, nos peintres pouvaient se porter forts à la fois d'un style original, d'un goût particulier et d'une intelligence profonde des modèles de l'antiquité. Leur inspiration personnelle et leur libre interprétation leur assignent un beau rang dans le magnifique mouvement de l'art qu'on a appelé la renaissance.

La peinture française, dans ces belles années de sa jeunesse, ne s'était pas encore laissé séduire et entraîner par la facilité abusive et l'affèterie pernicieuse des académies ultramontaines. Il lui restait à compléter et à élargir sa science; mais elle était naïvement et heureusement engagée dans les voies de l'observation de la nature, éternel chemin de toute rénovation et de toute réalisation grande dans les arts.

C'est dans cette ligne, que l'inspiration découvre seule, et où elle marche le mieux, qu'étaient lancés nos miniaturistes et assurément aussi nos peintres dans la dernière moitié du quinzième siècle.

Nous nous bornerons à indiquer à qui voudra s'en convaincre

les admirables miniatures d'une traduction de l'histoire des Juifs par Josèphe. Elles sont d'un vieux maître trop peu connu, Jean Fouquet de Tours.

C'est un volume in-fol. (1), à la fin duquel François Robertet, secrétaire de Pierre II de Bourbon, époux d'Anne de France, fille de Louis XI, a écrit la note suivante : « *Fay ce » livre à douze ystoires. Les trois premières de lenlumineur du » duc Jehan de Berry, et les neuf de la main du bon paintre et » enlumineur du Roy Loys XI, Jehan Fouquet, natif de » Tours.* » Ces neuf dernières miniatures annoncent dans les compositions une telle entente de l'art, un tel sentiment du style et un goût si exquis, qu'elles auraient suffi pour nous faire affirmer que leur auteur a également exécuté des peintures de plus grande dimension, lors même que des écrivains allemands ne nous auraient point appris que cela était prouvé par le volet (2) d'un tableau d'autel, dont M. George Brentano, à Francfort-sur-le-Mein, est le possesseur. C'est sans doute pour cette raison que Jean Fouquet est nommé, dans la note de Robertet, *paintre*, tandis que son collaborateur reçoit simplement le titre d'enlumineur. Les divers motifs, généralement très gracieux et très fins, sont exprimés avec une grande aisance. Les physionomies noblement mais un peu uniformément attristées et rembrunies, ont un grand cachet d'élévation qui fait bien pardonner leur monotonie ; les traits du masque sont d'une finesse remarquable, bien qu'ils manquent quelquefois de vie. Ce qu'il y a de plus étonnant, c'est l'emploi heureux de la perspective linéaire et du clair-obscur qui donne à quelques unes de ces miniatures un ensemble qu'on ne retrouverait peut-être nulle part dans les ouvrages contemporains de ce genre. La suavité des teintes, le rendu des détails, l'élégance

(1) Bibliothèque Nationale, manusc. franç., n° 6891.

(2) Ce volet représente Etienne Chevalier, trésorier du roi Charles VIII, avec son patron. M. Brentano possède encore quarante magnifiques miniatures provenant d'un livre d'Heures de ce même trésorier, et, selon toute apparence, également de la main de Jean Fouquet. Une autre miniature du même livre d'Heures se voit chez le poète anglais Samuel Rogers, à Londres. V. Waagen, I, p. 415.

des fabriques empruntées tantôt à l'architecture gothique dans sa forme la plus riche, tantôt à l'architecture italienne dans le goût le plus gracieux, la poésie des paysages, et plus que tout cela, la profondeur de ses lointains, s'emparent irrésistiblement de l'œil. Quoique les guerres de religion qui survinrent en France pendant le quinzième siècle aient fait une guerre de dévastation très radicale aux tableaux d'église, nous ne doutons pourtant pas qu'avec un peu de zèle de nos administrations municipales on ne parvienne encore à découvrir aujourd'hui quelques vieux panneaux de Jean Fouquet et d'autres maîtres français contemporains. Ce serait un grand service à rendre, et pour lequel on ne saurait trop stimuler le zèle.

Il y a à la Bibliothèque Nationale un grand nombre de manuscrits illustrés (1) qui prouvent que Jean Fouquet a eu beaucoup d'émules et de continuateurs. Ces monuments peuvent être considérés comme de précieux échantillons du véritable goût français, avant le final accomplissement de l'époque dite de la renaissance. On reconnaît deux styles et deux caractères bien distincts dans ces œuvres d'un même temps : le génie français, encore légèrement coloré, si l'on peut parler ainsi, de la teinte gothique qui lui sied bien et lui laisse son entière originalité, se montre d'abord ; puis, peu après, se rapproche davantage de la manière italienne, sans perdre toutefois le cachet de la production nationale. Ce qu'il y a de certain, c'est que longtemps avant l'arrivée des artistes italiens appelés par François Ier, il existait des peintres français d'un talent supérieur, et se rapprochant beaucoup de celui des Italiens; nous en avons la preuve dans les nombreuses miniatures exécutées par Jean Fouquet et ses successeurs, qu'on peut regarder comme les représentants de ce style plus affermi et plus savant, que le moindre progrès fera bientôt aboutir aux plus belles manifestations de l'art moderne, quand l'art français se tient plus près du gothique et s'accorde plus avec les allures des artistes des Pays-Bas. Dans les

(1) Voyez surtout une traduction de Tite-Live, 3 vol. in-fol. (manusc. franç., n° 6984).

compositions on ne trouve point alors autant d'intelligence et de largeur. L'imitation servile de la nature tient généralement une trop large place. Les plus nobles et les plus éminentes figures dans les sujets religieux sont les plus faiblement indiquées; mais les personnages secondaires, ainsi que les scènes de la vie ordinaire, sont traités avec beaucoup de vivacité, de vérité et d'enjouement.

Quant au coloris et à l'effet, ils sont de la plus grande gaîté et d'un éclat éblouissant; tout tire sur le clair, et l'échantillonnage y est d'une vigueur et d'une fraîcheur merveilleuses. La science du clair-obscur y est amenée à son entier développement.

Tous les effets de la lumière directe et de la lumière réfléchie sont compris et calculés de manière à fondre heureusement l'une et l'autre, sans laisser dépérir l'intensité du ton local.

L'arsenal des peintres s'y montre aussi on ne peut plus abondamment fourni. La science des emblèmes et des allusions, la connaissance des objets, l'observation des circonstances et des phénomènes y éclatent partout de la manière la plus heureuse. Les armures, les bijoux, les étoffes, tout le mobilier du temps, les oiseaux, les quadrupèdes, les poissons, les insectes, tous les êtres animés de la création, les édifices, les montagnes, les arbres, les plantes, les fleurs, les lointains et les ciels, les eaux, tout le monde du paysagiste enfin, leur sont familiers et d'une facile traduction.

Le célèbre livre d'Heures d'Anne de Bretagne et celui du bon René, tous deux exécutés vers la fin du quinzième siècle et conservés à la Bibliothèque Nationale, sont les principaux monuments de cette seconde manière.

Tels sont, en définitive, les véritables types de la peinture en France au quinzième siècle, avant que les emprunts au dehors aient altéré nos tendances. Si nous eussions suivi naïvement et sans influence étrangère la voie que nous ouvrent la nature et notre propre inspiration, notre école eût gardé sans doute sa précieuse originalité, et peut-être n'eût pas été privée des grands développements qu'on est convenu d'attribuer exclusivement à la fréquentation des ateliers de l'Italie.

Il n'est pas le moins du monde démontré, en effet, quand on regarde attentivement, que les premiers essais de notre art national n'aient pas pu porter les espoirs les plus larges et les ambitions les plus grandes. A cette époque, comme à bien d'autres, n'avons-nous pas été entraînés par ce mouvement regrettable de notre humeur, qui nous rend indifférents à nos propres richesses et nous passionne pour les acquisitions étrangères ?

A cette époque, et sur ce terrain, comme en d'autres temps et en d'autres objets, n'avons-nous pas été d'autant plus appauvris que nous avons cru gagner davantage ? On le pourrait croire à beaucoup d'indices que j'énumérerai plus tard ; mais cette mobilité et cette inquiétude, qui distinguent notre esprit national, ne sont-elles pas aussi un de ses attributs qu'il faut accepter et contre lequel, par piété, il ne faut pas trop amèrement s'inscrire? Il serait bien difficile de concevoir, en effet, à la manière dont nous nous connaissons nous-mêmes, comment nos prédécesseurs du seizième siècle, un peu attardés par le cours des choses, eussent pu résister et se soustraire à l'entraînement de l'habileté magistrale et de la bravoure technique des maîtres italiens, quand les voies ouvertes par la conquête de nos armées nous les firent connaître. Quoi qu'il en soit, ne permettons pas que, sur la foi d'exagérations littéraires, on dise que les artistes italiens appelés à la cour de François Ier ont appris leur art à nos artistes grossiers et ignorants. La façon rapide avec laquelle notre école nationale s'appropria la manière italienne dépose, au contraire, de son avancement et de sa force.

La donnée florentine qui domina notre école et l'engagea si regrettablement dans l'affectation et la manière eut surtout pour représentant suprême et efficace le Primatice, cet émule des Bronzino, des Vasari, des Salviati, des Zuccaro; et de tous ces élèves dégénérés de Michel-Ange, de Raphaël et du Vinci, le Primatice influa plus que le Rosso, et plus que lui fonda l'école décorative, expéditive et maniérée de Fontainebleau. Beaucoup de Français qui travaillèrent servilement sous lui, d'après ses propres dessins ou sous ses inspirations funestes, avaient un talent plus solide et plus élevé, plus profond que le sien.

L'école de Fontainebleau régna donc sans partage, et son influence, fâcheuse, je crois, servira dans tous nos ateliers provinciaux. On la voit s'écrire lisiblement dans les travaux de tous les miniaturistes de ce temps. La plus grande hauteur à laquelle ils atteignent, peut s'envisager dans le manuscrit d'une traduction française de Pétrarque que possède la bibliothèque de l'Arsenal (1). Ces miniatures sont d'un certain Godefroy, qui fit aussi celles d'un colloque entre François Ier et Jules-César, qui se voit à Londres (2). Elles sont d'une admirable perfection et se peuvent égaler aux merveilles du célèbre Giulio Clovio, dont l'Italie est si fière, et dont le Vasari raconte l'immense succès.

(1) Belles-lettres franç., 24 bis.

(2) Bibl. Harleian. n° 6205.

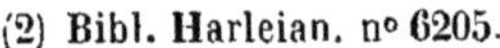

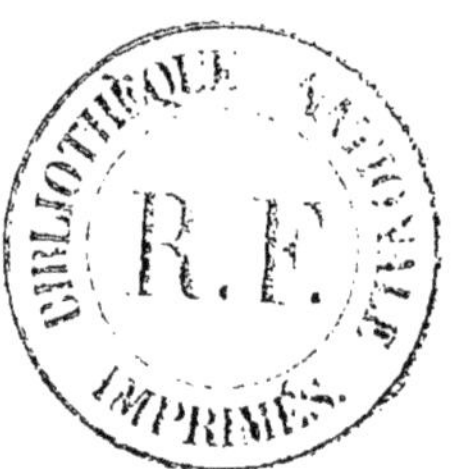

www.ingramcontent.com/pod-product-compliance
Ingram Content Group UK Ltd.
Pitfield, Milton Keynes, MK11 3LW, UK
UKHW020317250726
13967UKWH00004B/1773

9 782013 052320